2022 中国零售业发展报告

—— 李殿禹 ◎ 主编 ——

中国商业联合会
中华全国商业信息中心

中国商业出版社

图书在版编目（CIP）数据

2022 中国零售业发展报告 / 李殿禹主编 . -- 北京：中国商业出版社，2022.10
　ISBN 978-7-5208-2199-5

Ⅰ . ①2… Ⅱ . ①李… Ⅲ . ①零售业-经济发展-研究报告-中国-2022 Ⅳ . ①F724.2

中国版本图书馆 CIP 数据核字（2022）第 155117 号

责任编辑：郑　静

中国商业出版社出版发行
（www.zgsycb.com　100053　北京广安门内报国寺 1 号）
总编室：010-63180647　编辑室：010-83118925
发行部：010-83120835/8286
新华书店经销
三河市天润建兴印务有限公司印刷
＊
787 毫米×1092 毫米　16 开　9 印张　140 千字
2022 年 10 月第 1 版　2022 年 10 月第 1 次印刷
定价：58.00 元
＊　＊　＊
（如有印装质量问题可更换）

《2022 中国零售业发展报告》编委会

主　编：李殿禹
副主编：曹立生
编　辑：王　欢　朱　宝　殷　夏　蒋慧芳

前　言

2021年是党和国家历史上具有里程碑意义的一年，是我国现代化进程中具有特殊重要性的一年。我们隆重庆祝中国共产党成立一百周年，实现了第一个百年奋斗目标，开启全面建设社会主义现代化国家、向第二个百年奋斗目标进军新征程。面对更加复杂的国际形势和疫情、汛情、极端天气等多重挑战，以习近平同志为核心的党中央统揽全局、沉着应对，全国上下勠力同心、攻坚克难，我国经济发展和疫情防控保持全球领先地位，经济社会发展主要预期目标全面实现，构建新发展格局迈出新步伐，高质量发展取得新成效，实现了"十四五"良好开局。

2021年，我国经济在多重因素的压力下展现出较强的恢复韧性和内生动力，各地区各部门扎实做好"六稳""六保"工作，经济实现平稳恢复，产业链得到巩固提升，进出口实现快速增长，物价水平总体平稳可控。在扩内需、促消费政策措施的推动下，在就业总体稳定、居民收入持续增长的支撑下，在更加精准有效的疫情防控措施的保障下，我国消费实现较快增长。2021年我国消费品市场总体呈现恢复增长态势，社会消费品零售总额同比增长12.5%，两年平均增长3.9%。在科学有效的疫情防控措施下，人们外出购物的积极性有所提升，线下实体店客流逐步恢复，居民对网上零售的依赖度逐渐下降，实物商品网上零售占比有所回落，实体店消费品零售额实现较快增长。城乡消费在融合发展中齐头并进，餐饮收入与商品零售均实现两位数增长。抗风险能力较强的限额以上单位消费实现较快增长，重点大型零售企业实现正增长。在消费升级的推动下，限额以上零售企业中的百货店、专业店、专卖店、便利店业态零售额均实现10%以上的较快增长。

2021 年我国消费品市场呈现的主要特点有：恩格尔系数再次下降、升级类消费支出占比持续提升、服务型消费支出大幅增长，居民消费呈现出优化升级的良好态势。国产品牌在质量、渠道、情感的三大优势下掀起国潮热的消费景象。境外消费回流和海南免税店的价格优势推动我国奢侈品市场延续较快增长。高性价比零售业态在发展中不断升级，多层次、多元化的高性价比零售供给为消费者带来更丰富的购物体验。此外，我国消费品市场仍需面对疫情散发、极端气候事件增多、物价上涨预期增强等多重压力，稳增长、保就业、提收入、促创新以及优化营商环境依然是下一阶段推动我国消费升级的重要抓手。

2022 年全球疫情影响仍存，国际环境更趋复杂严峻，国内发展面临需求收缩、供给冲击、预期转弱三重压力，但我国经济长期向好的基本面没有变，经济社会发展稳中有进的总体趋势没有变，构建新发展格局、推动高质量发展的有利条件没有变。2022 年是党的二十大召开之年，是党和国家事业发展进程中十分重要的一年。在习近平新时代中国特色社会主义思想的指导下，我国宏观经济及消费品市场将完整、准确、全面贯彻新发展理念，加快构建新发展格局，全面深化改革开放，坚持创新驱动发展，推动高质量发展，继续做好"六稳""六保"工作，持续改善民生，保持社会大局稳定，迎接党的二十大胜利召开。2022 年在经济运行保持在合理区间、有效投资持续扩大、进出口保稳提质的环境下，我国消费品市场将在立足新发展阶段、贯彻新发展理念、构建新发展格局中实现高质量发展，实体零售在科学有效的疫情防控措施支持下，将呈现更加明显的持续恢复态势。

编　者
2022 年 6 月

目　　录

第一部分　2021 年我国宏观经济运行情况 ………………………………… 1
　　一、国民经济实现平稳恢复 ……………………………………………… 1
　　二、各产业均得到巩固提升 ……………………………………………… 2
　　三、最终消费支出成为经济恢复的最主要动力 ………………………… 3
　　四、产业升级推动投资规模继续扩大 …………………………………… 4
　　五、进出口规模再创新高 ………………………………………………… 5
　　六、就业总体稳定 ………………………………………………………… 6
　　七、价格涨幅稳中有降 …………………………………………………… 6
　　八、居民收入和居民消费稳步增长 ……………………………………… 8

第二部分　2021 年我国消费品市场运行情况 ……………………………… 9
　　一、2021 年我国消费品市场运行分析 …………………………………… 9
　　　　（一）消费品市场总体呈现恢复增长态势 …………………………… 9
　　　　（二）实物商品网上零售额占比回落 ………………………………… 9
　　　　（三）线下实体店消费品零售额实现较快增长 …………………… 11
　　　　（四）城乡消费品市场协同发展 …………………………………… 13
　　　　（五）餐饮收入与商品零售均实现两位数增长 …………………… 14
　　　　（六）限额以上单位销售实现较快增长 …………………………… 14
　　　　（七）全国重点大型零售企业实现正增长 ………………………… 16

（八）消费升级类零售业态增长较快 ······················ 17

二、2021年我国消费品市场运行特点 ························ 18
 （一）消费升级趋势不改 ···································· 18
 （二）国潮品牌占领消费心智 ······························ 18
 （三）境内奢侈品市场延续高增长 ························ 19
 （四）高性价比零售业态实现较快发展 ·················· 19
 （五）市场依然面对多重压力 ······························ 19

三、2021年我国主要商品消费市场运行情况——服装市场 ······ 20
 （一）2021年我国服装消费市场运行情况 ············· 20
 （二）2021年我国服装市场消费特点 ·················· 28
 （三）服装消费市场发展趋势 ······························ 31

四、2021年我国主要商品消费市场运行情况——家纺市场 ······ 33
 （一）2021年全国重点大型零售企业床上用品市场运行情况 ······ 33
 （二）2021年家纺市场中优势品牌情况分析 ········· 36
 （三）床上用品消费市场发展趋势 ······················· 38

五、2021年我国主要商品消费市场运行情况——化妆品市场 ···· 40
 （一）2021年化妆品市场整体运行情况 ················ 40
 （二）2021年全国重点大型零售企业化妆品市场优势品牌情况分析 ··· 45
 （三）2021年化妆品市场主要特点 ······················ 46
 （四）化妆品市场未来发展趋势 ··························· 47

六、2021年我国主要商品消费市场运行情况——洗涤用品市场 ···· 49
 （一）2021年我国洗涤品市场整体运行情况 ·········· 49
 （二）重点日化企业在我国各洗涤品类市场中的销售份额变化 ······ 52
 （三）未来我国洗涤用品市场发展趋势 ·················· 56

七、2021年我国主要商品消费市场运行情况——家电市场 ······ 58
 （一）2021年我国家电市场整体运行情况 ············· 58
 （二）大型零售企业主要产品运行情况 ·················· 62

（三）家电消费市场发展趋势 65

八、2021年我国主要商品消费市场运行情况——食品市场 67

　　（一）食品消费市场总体运行情况 67

　　（二）食品消费市场发展趋势 71

第三部分　2021年我国零售业发展运行情况 75

一、零售市场呈恢复增长态势 75

二、实物商品网上零售额占比回落 75

三、线下实体店消费品零售额实现较快增长 77

四、限额以上单位商品零售额实现较快增长 78

五、全国重点大型零售企业实现正增长 80

六、2021年零售业百强规模继续扩张 81

七、电商依旧是零售业百强增长的主要拉动力 83

八、零售百强中实体零售企业销售增速降幅收窄 84

九、零售业将进一步恢复稳定健康发展 85

第四部分　零售业区域发展环境 87

一、"四大板块"零售业发展环境 87

　　（一）东北地区生产总值占全国比重再次回落 87

　　（二）东、中、西部地区居民人均可支配收入均增长9%以上 88

　　（三）2021年中部地区社消零售总额占比提升0.6个百分点 90

二、重要经济带零售业发展环境 92

　　（一）京津冀 92

　　（二）长江经济带 93

　　（三）长江三角洲 94

三、发挥地区比较优势，促进区域发展平衡 94

第五部分　未来零售业发展趋势 ··· 96
一、消费品市场发展趋势 ··· 96
（一）创新将成为推动消费升级的主动力 ······················· 96
（二）实用价值与情感价值融合提升 ································ 96
（三）线上消费多元化、成熟化发展 ································ 96
（四）冰雪消费将成为全民热点消费 ································ 97
二、零售业发展趋势 ·· 97
（一）零售业将更加注重践行绿色低碳理念 ···················· 97
（二）以综合服务为特征的社区商业将加快发展步伐 ····· 97
（三）县域商业体系将实现较快发展 ································ 97
（四）零售业加快转向精细化经营 ···································· 98

第六部分　相关政策法规 ··· 99
国务院办公厅关于进一步释放消费潜力促进消费持续恢复的意见 ······· 99
国家发展改革委等部门关于印发《促进绿色消费实施方案》的通知 ········ 107
中共中央　国务院关于加快建设全国统一大市场的意见 ················ 119
商务部等八部门关于促进老字号创新发展的意见 ······················ 129

第一部分 2021年我国宏观经济运行情况

2021年，面对更加复杂的国际形势和疫情、汛情、极端天气等多重挑战，以习近平同志为核心的党中央统揽全局、沉着应对，全国上下勠力同心、攻坚克难，我国在统筹经济发展和疫情防控方面取得的成效全球瞩目，经济社会发展主要预期目标全面实现，构建新发展格局迈出新步伐，高质量发展取得新成效，实现了"十四五"良好开局。

一、国民经济实现平稳恢复

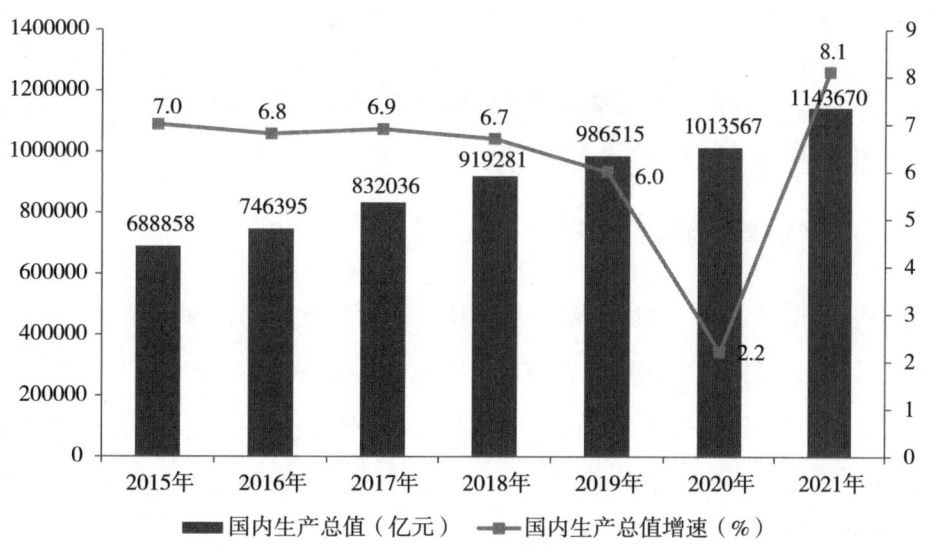

图 1-1 2015—2021 年我国 GDP 增长情况

数据来源：国家统计局。

2021年，我国GDP实现114.4万亿元，折合17.7万亿美元，经济总量稳居世界第二，占全球经济的比重超过18%，对2021年全球经济增长的贡献率为25%左右，是引领世界经济恢复的主要力量。2021年，我国GDP实际增长8.1%，两年平均增长5.1%，各季度依次两年平均增长4.9%、5.5%、4.9%、5.2%，经济运行总体平稳。其中，在疫情、汛情等多重冲击下，第三季度经济增速有所放缓，但第四季度两年平均增速重回5%以上，表明我国经济具备较强的恢复韧性和内生动力。

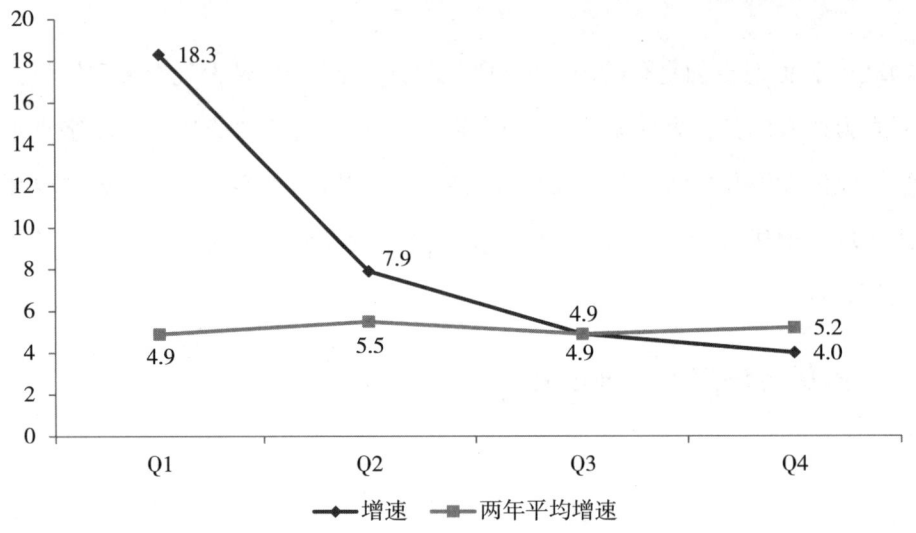

图1-2　2021年各季度我国GDP增长情况（%）

数据来源：国家统计局。

二、各产业均得到巩固提升

制造业是立国之本、强国之基，是实体经济中最重要和最基础的部分，是科技创新的主战场。2021年，我国工业制造业实现较快发展，第二产业增加值同比增长8.2%，占GDP比重为39.4%，较上年提高1.6个百分点，其中，制造业增加值同比增长9.8%，占GDP比重为27.4%，比上年提高1.1个百分点。此外，服务业延续恢复态势，第三产业增加值同比增长8.2%。其中，信息传输软件和信息技术服务业、交通运输仓储和邮政业分别增长17.2%、12.1%。农业生产稳中有进，第一产业增加值比上年增长7.1%，保持较快增长。

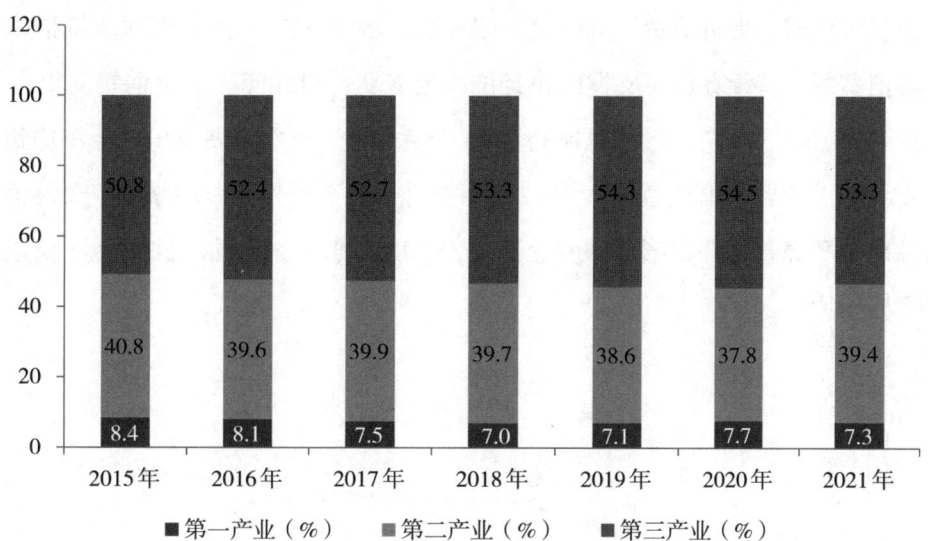

图 1-3 2015—2021 年我国经济结构

数据来源：国家统计局。

三、最终消费支出成为经济恢复的最主要动力

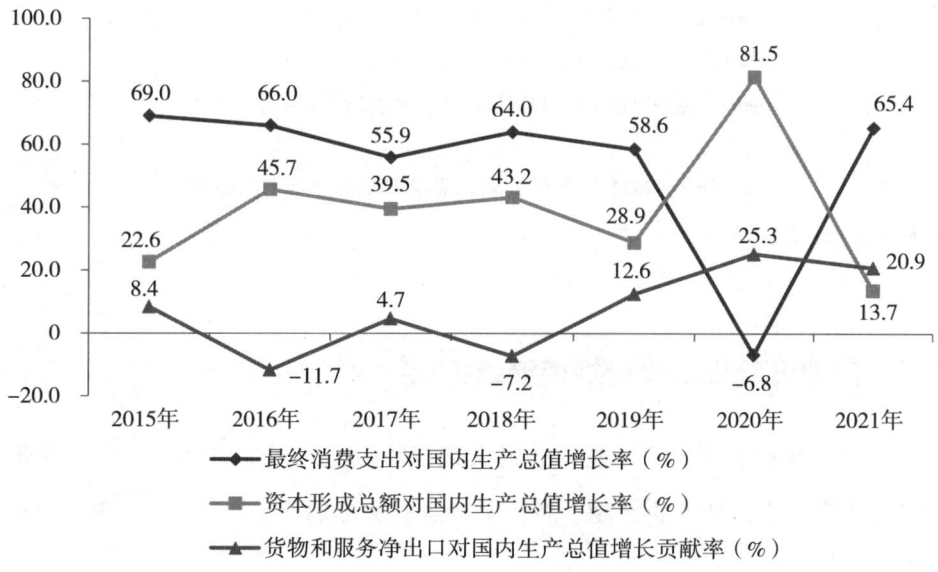

图 1-4 2015—2021 年三大需求对经济增长的贡献率

数据来源：国家统计局。

为扩大内需、促进消费，党中央、国务院、各地政府出台一系列政策措施，有效推动消费需求持续释放，支撑国民经济稳定恢复。2021年，最终消费支出占GDP比重达到54.5%，比资本形成总额高11.5个百分点，最终消费支出对经济增长贡献率为65.4%，比资本形成总额高51.7个百分点。从各季度贡献率来看，最终消费支出贡献率逐季提升，并在第四季度达到85.3%的高水平，是推动国民经济稳定恢复的最主要动力。

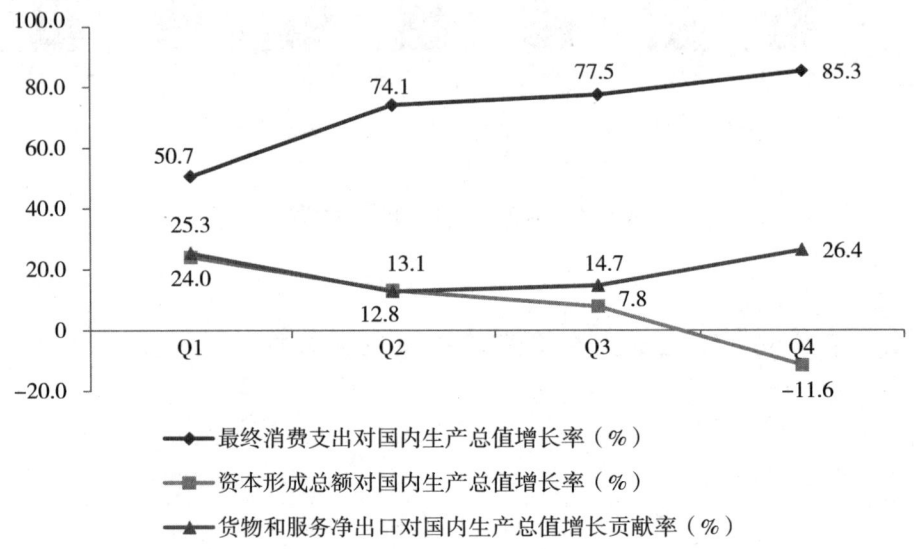

图1-5　2021年各季度三大需求对经济增长的贡献率

数据来源：国家统计局。

四、产业升级推动投资规模继续扩大

2021年，全社会固定资产投资达到55.3万亿元，比上年增长4.9%。产业升级投资实现较快增长，制造业投资、高技术产业投资分别比上年增长13.5%、17.1%，分别快于全部投资8.6、12.2个百分点。

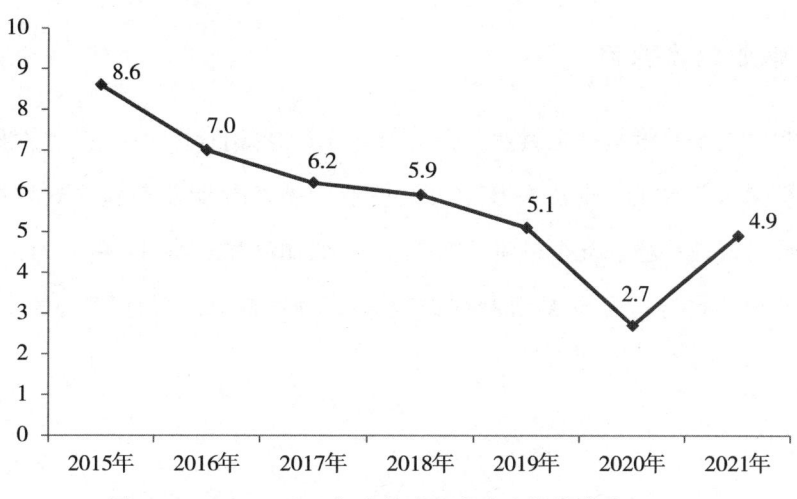

图 1-6 2015—2021 年全社会固定资产投资增速（%）

数据来源：国家统计局。

五、进出口规模再创新高

2021 年，在科学有效疫情防控的支持下，我国生产经营有序开展，外贸规模再创新高，外贸质量稳步提升，"十四五"对外贸易实现良好开局。据海关统计，2021 年，我国货物贸易进出口总值6.1 万亿美元，同比增长30%。其中，出口 3.4 万亿美元，同比增长 29.9%；进口 2.7 万亿美元，同比增长 30.1%。

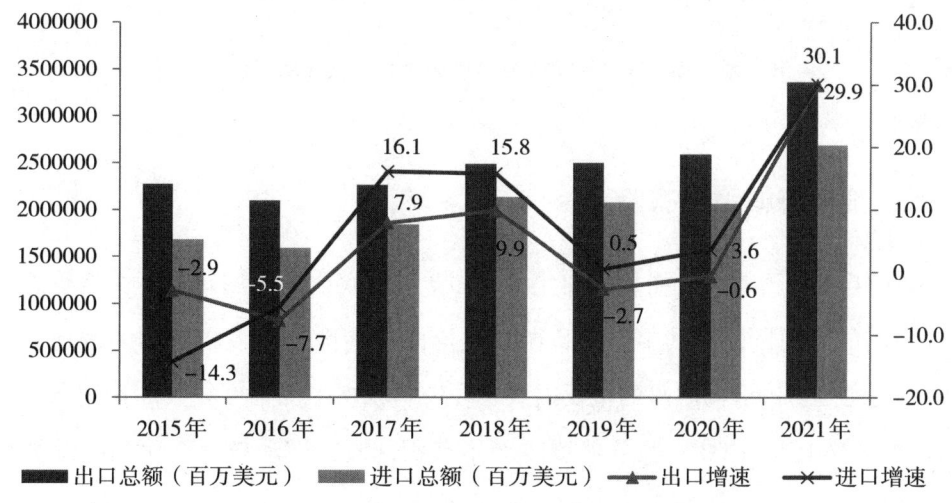

图 1-7 2015—2021 年我国进出口增速（以美元计，%）

数据来源：海关总署。

六、就业总体稳定

我国制定宏观政策坚持把就业放在首位，通过继续推动"六稳""六保"政策、出台援企稳岗帮扶政策、促进有利于灵活就业的新产业新业态新模式发展等措施，保障各类重点群体平稳、充分就业。2021年，城镇新增就业1269万人，实现1100万人以上的预期目标。全国城镇调查失业率平均为5.1%，低于5.5%左右的预期目标。

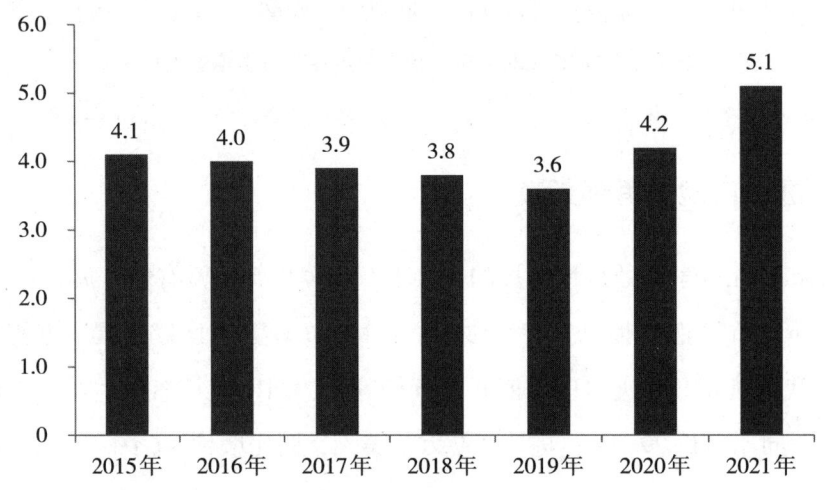

图 1-8　2015—2021年全国城镇登记失业率（%）

数据来源：国家统计局。

七、价格涨幅稳中有降

2021年，居民消费价格比上年上涨0.9%，涨幅比上年回落1.6个百分点，低于3%左右的预期目标。其中，食品烟酒类价格在猪肉价格大幅下降的推动下下降0.3%，是促使物价涨幅回落的主要因素。在燃料价格上涨幅度较大的作用下，交通和通信类价格上涨4.1%。服务消费较上年有所回暖，带动教育文化和娱乐类价格较快上涨。

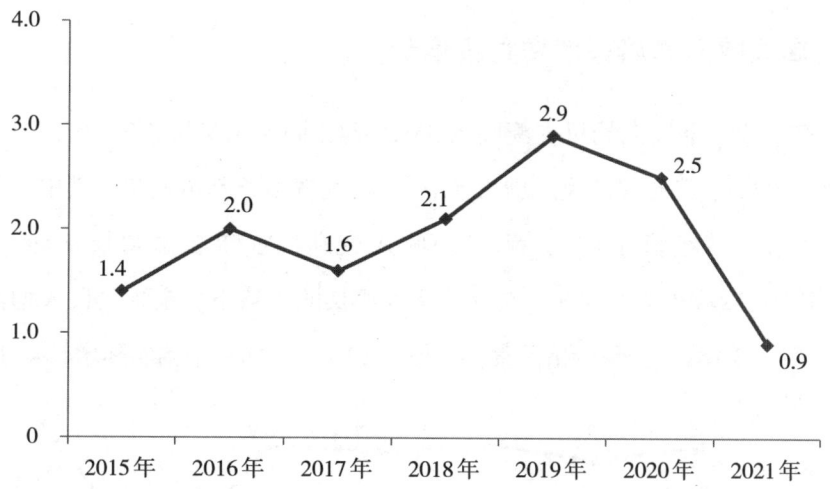

图 1-9 2015—2021 年居民消费价格涨幅（%）

数据来源：国家统计局。

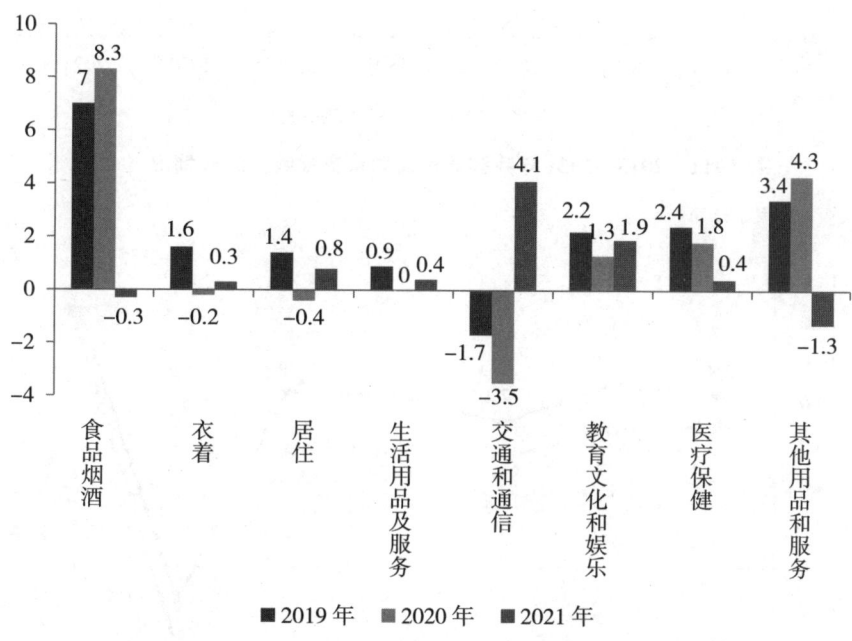

图 1-10 2019—2021 年八大类居民消费价格涨幅（%）

数据来源：国家统计局。

八、居民收入和居民消费稳步增长

2021年,全国居民人均可支配收入35128元,同比名义增长9.1%,扣除价格因素实际增长8.1%,两年平均实际增长5.1%,与经济增长基本同步。其中,全国居民人均工资性收入、经营净收入、财产净收入分别比上年名义增长9.6%、11.0%、10.2%,实现各项收入全面增加。在收入持续增长的支持下,全国居民人均消费支出同比名义增长13.6%,扣除价格因素实际增长12.6%,两年平均实际增长4.0%。

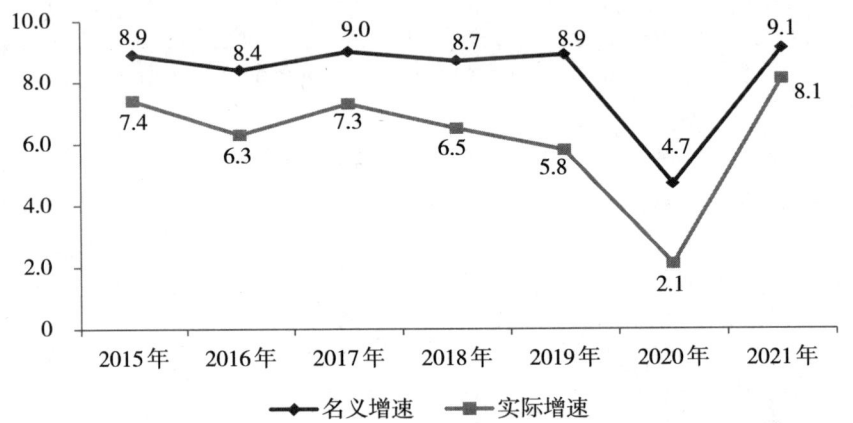

图1-11 2015—2021年我国居民人均可支配收入增长情况(%)

数据来源:国家统计局。

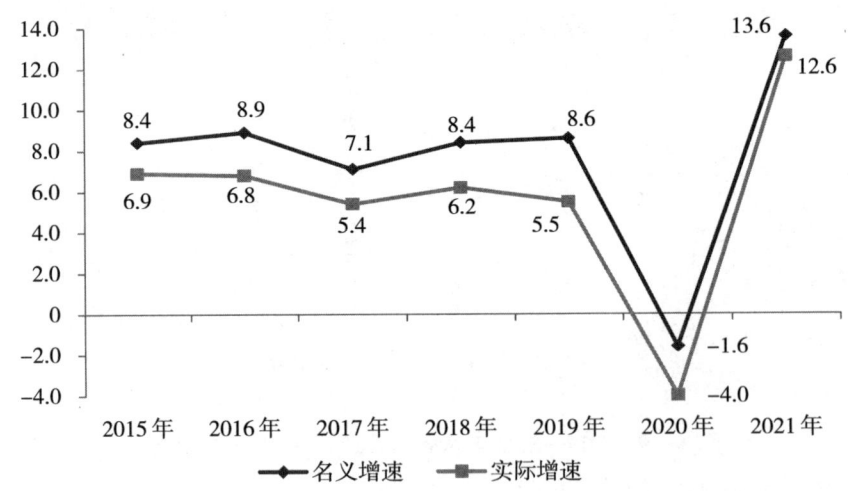

图1-12 2015—2021年我国居民人均消费支出增长情况(%)

数据来源:国家统计局。

第二部分 2021年我国消费品市场运行情况

一、2021年我国消费品市场运行分析

2021年，我国消费品市场总体呈现恢复增长态势，社会消费品零售总额同比增长12.5%，两年平均增长3.9%。

（一）消费品市场总体呈现恢复增长态势

2021年，社会消费品零售总额44.1万亿元，同比名义增长12.5%，两年平均增长3.9%。扣除价格因素，社会消费品零售总额实际增长10.7%。分季度看，第一季度在同期基数相对较低的情况下，社会消费品零售总额同比名义增长33.9%；第二季度低基数效应减弱，增速放缓至13.9%；第三季度，部分地区疫情散发，极端气候事件增多，使得增速降至个位数；第四季度，在国庆假期、"双十一"电商促销等因素带动下，市场平稳增长3.5%。从两年平均增速来看，第一至第四季度两年平均增速分别为4.2%、4.6%、3.0%和4.0%，消费品市场保持平稳恢复的增长态势。

（二）实物商品网上零售额占比回落

随着防控措施更加科学有效，线下客流逐步恢复，消费者对线上渠道的依赖程度有所降低，加之高基数效应，2021年实物商品网上零售额增速放缓，占社会消费品零售总额的比重有所下降。2021年我国实物商品网上零售额10.8万亿元，增长12.0%，增速较上年放缓2.8个百分点，占社会消费品零售总额的比重为24.5%，占比较上年下降0.4个百分点。分主要消费类别来看，网上吃类和用类商品分别增长17.8%和12.5%，增速分别较上年放缓12.8、3.7个百分点。在居民出行增多的

作用下，穿类消费增长8.3%，增速较上年增加2.5个百分点。从各月实物商品网上零售额增速来看，整体呈现增速放缓趋势，12月增速已降至1.4%，说明网上实物商品的消费增量空间正在缩小。

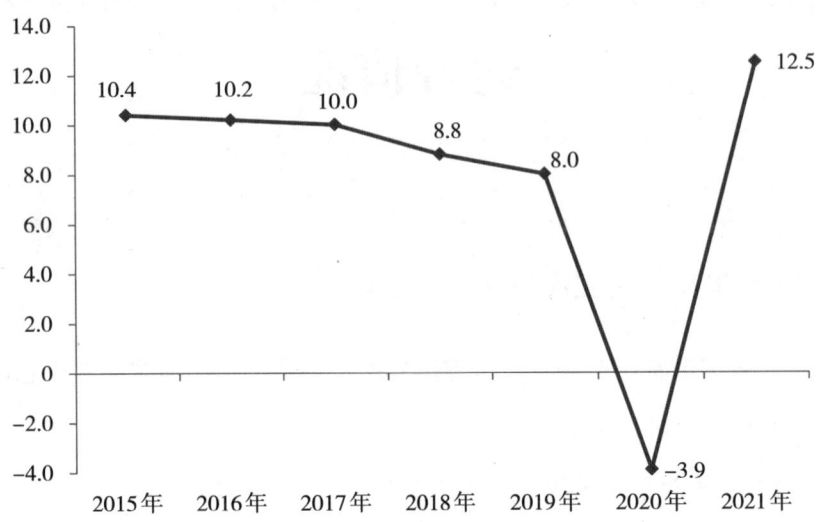

图2-1 2015—2021年社会消费品零售总额增速（%）

数据来源：国家统计局。

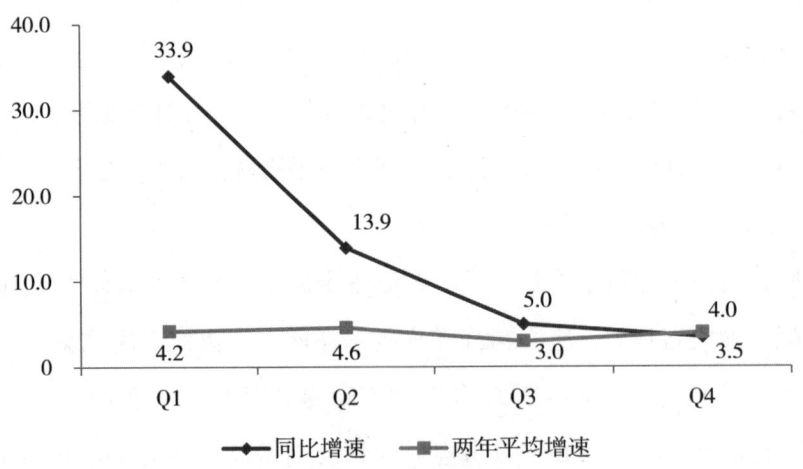

图2-2 2021年各季度社会消费品零售总额增速（%）

数据来源：国家统计局。

图2-3 2015—2021年我国实物商品网上零售额增速及占比情况

数据来源：国家统计局。

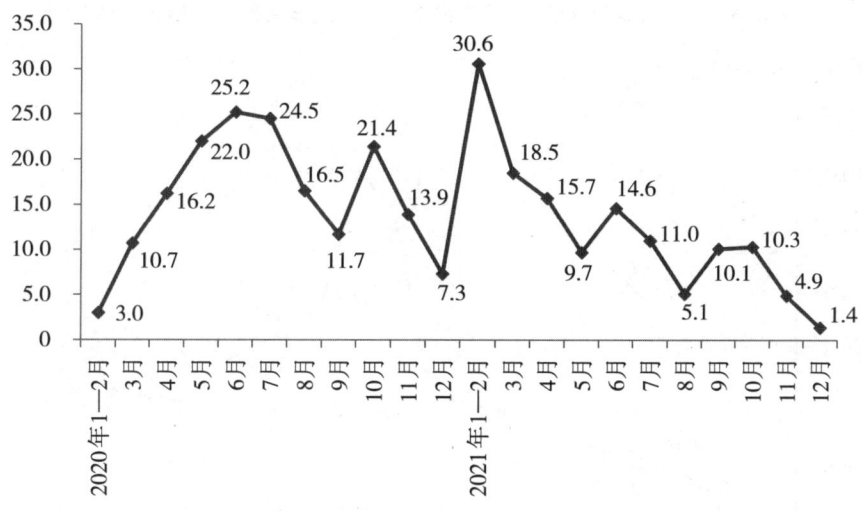

图2-4 2020—2021年我国实物商品网上零售各月同比增速情况（%）

数据来源：国家统计局。

（三）线下实体店消费品零售额实现较快增长

2021年，在客流恢复和低基数效应的推动下，线下实体店消费品零售额同比大幅增长12.7%。其中，前3个月增速较高，4—7月在同期低基数效应减弱的情况下,增速逐渐放缓。8—12月,尽管有疫情、汛情等负面因素的影响,但总体来看增速比较平稳。

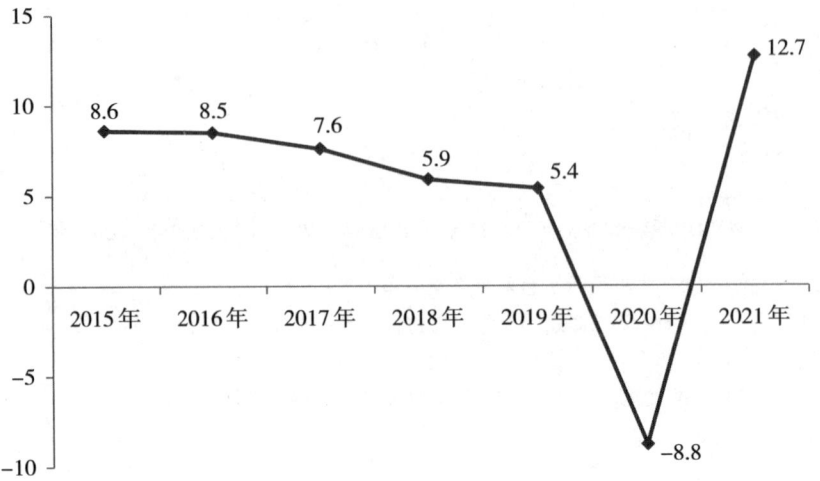

图2-5 2015—2021年我国线下实体店消费品零售额增长情况(%)

数据来源:国家统计局。

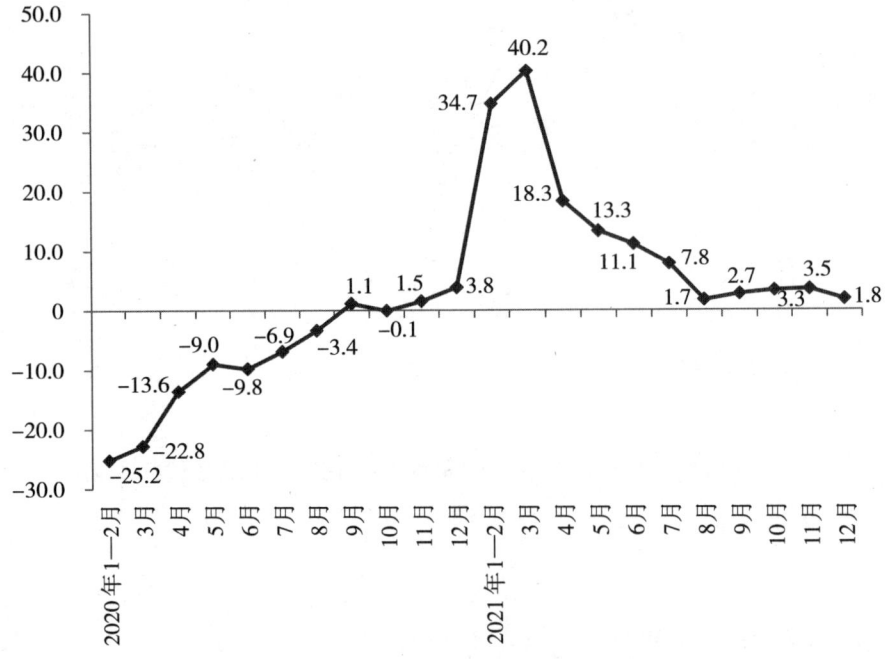

图2-6 2020—2021年线下实体店消费品零售额各月同比增速(%)

数据来源:国家统计局。

(四)城乡消费品市场协同发展

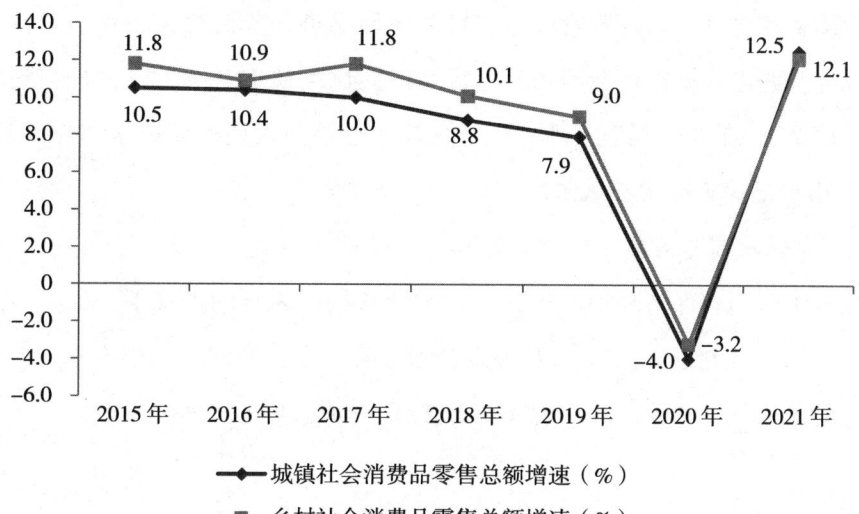

图 2-7　2015—2021 年城乡消费品市场增长情况

数据来源：国家统计局。

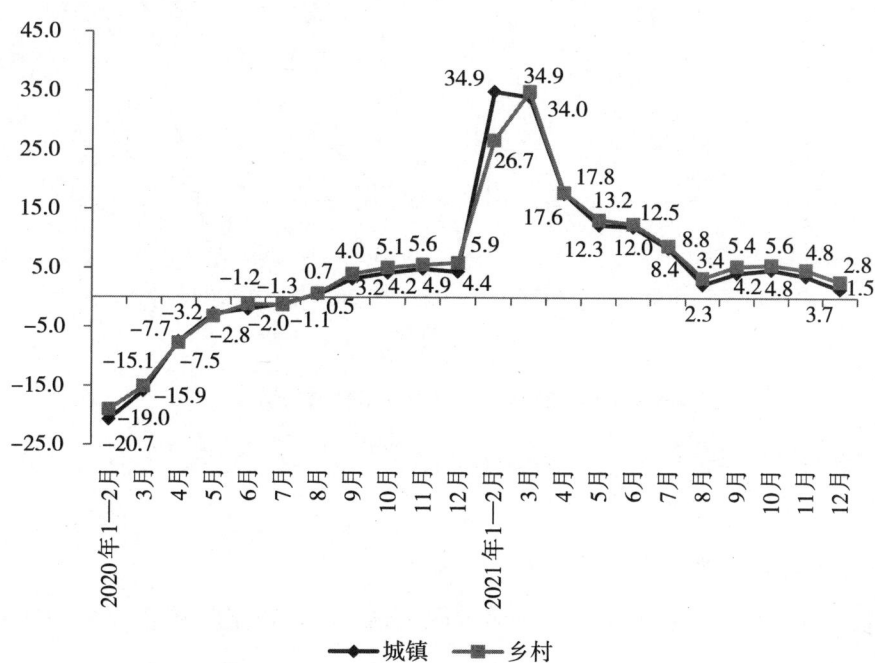

图 2-8　2020—2021 年城乡消费品市场各月同比增速（%）

数据来源：国家统计局。

2021年，国际消费中心城市建设稳步推进，五大培育城市政策举措加紧落实，县域商业体系建设进入新发展阶段，农村商业体系进一步健全，城乡消费在融合发展中实现齐头并进。城镇社会消费品零售总额同比增长12.5%，乡村社会消费品零售总额同比增长12.1%，其中，除1—2月就地过年因素使得城镇增速较高外，3—12月乡村市场增速持续快于城镇。

（五）餐饮收入与商品零售均实现两位数增长

在基本生活消费保持平稳增长，升级类消费快速恢复的推动下，商品零售实现39.4万亿元，同比增长11.8%。在外出就餐人数增多，网红品牌层出不穷，以及低基数效应的作用下，餐饮收入实现4.7万亿元，同比增长18.6%。

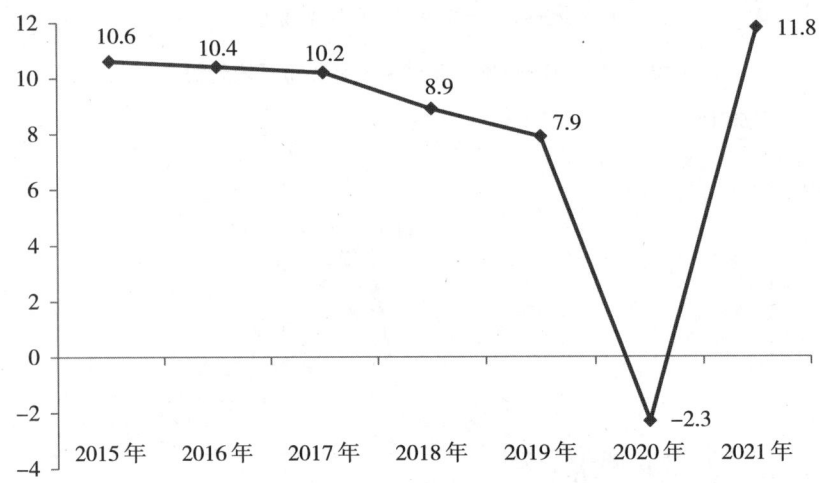

图2-9　2015—2021年我国商品零售增长情况（%）

数据来源：国家统计局。

（六）限额以上单位销售实现较快增长

凭借规模、管理、技术、商誉等多方面优势，限额以上零售企业抵御外部环境冲击的能力要明显强于限额以下零售企业，使得近两年来限额以上单位社会消费品零售额增速略高于限额以下单位。据测算，2021年限额以上单位商品零售额同比增长12.8%，增速快于限额以下单位商品零售额增速1.6个百分点。限额以上单位餐饮收入同比增长 23.5%,增速快于限额以下单位餐饮收入 6.2 个百分点。

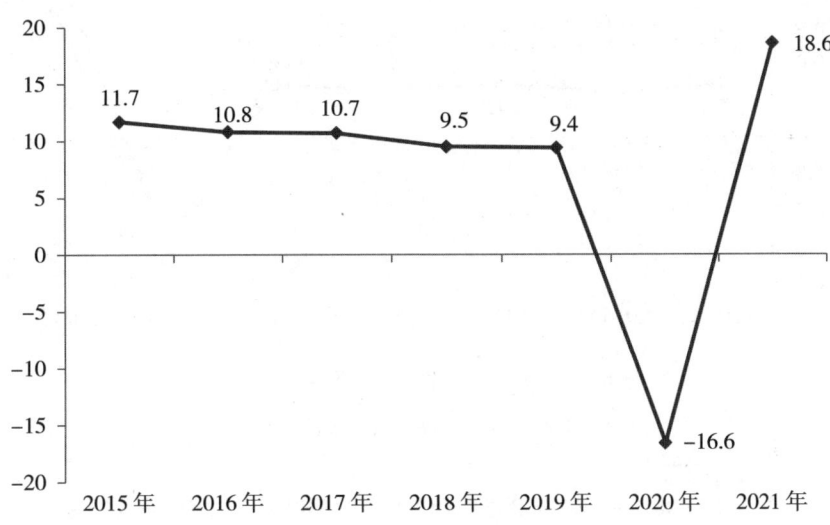

图 2-10　2015—2021 年我国餐饮收入增长情况（%）

数据来源：国家统计局。

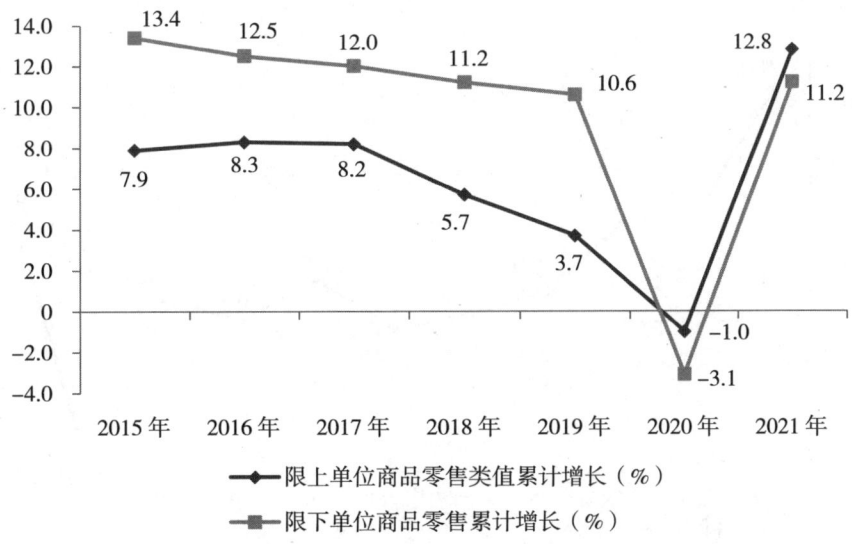

图 2-11　2015—2021 年我国限额以上和限额以下单位商品零售增速

数据来源：国家统计局。

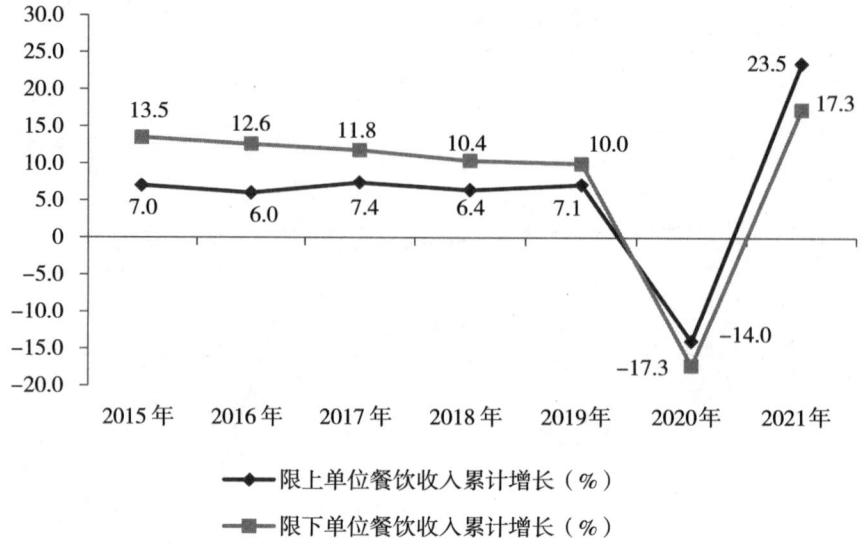

图 2-12　2015—2021 年我国限额以上和限额以下单位餐饮收入增速

数据来源：国家统计局。

（七）全国重点大型零售企业实现正增长

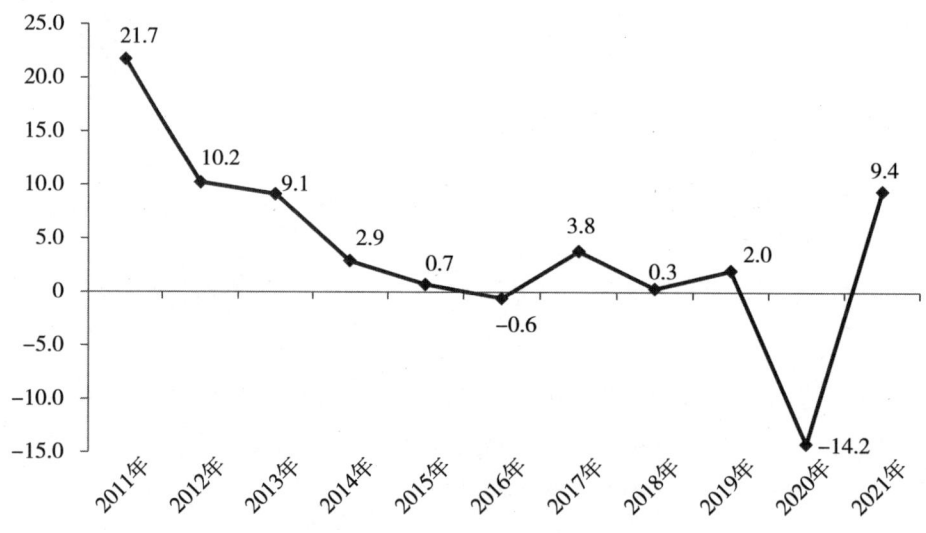

图 2-13　2011—2021 年全国重点大型零售企业零售额增速（%）

数据来源：中华全国商业信息中心。

根据中华全国商业信息中心的统计数据，2021 年全国重点大型零售企业零售额同比增长 9.4%。其中，金银珠宝类零售额同比大幅增长 39.8%，家用电器类、服装类、日用品类、化妆品类均实现较快增长。各品类商品零售额之所以实现快速增长，与上年低增速基数有关，据估算，大型零售企业的大部分商品销售尚未恢复到疫情前水平。此外，粮油、食品类零售额同比下降 12.1%。

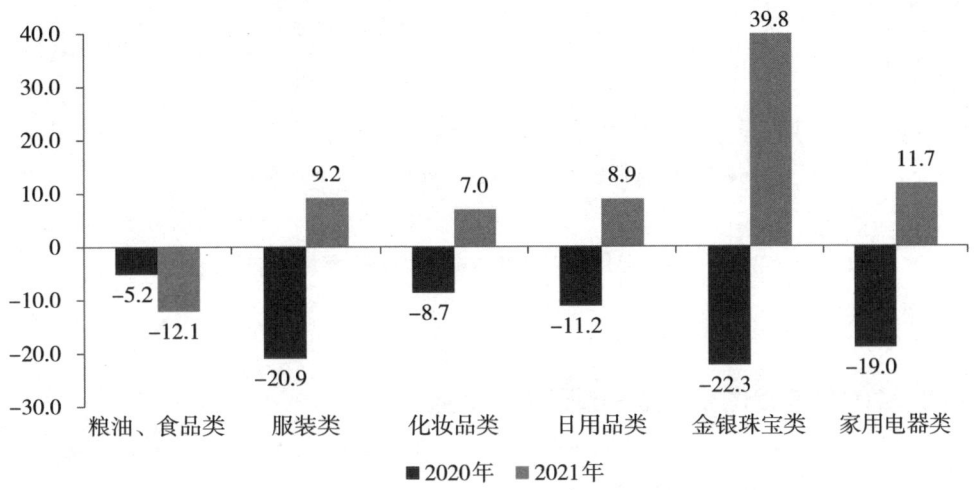

图 2-14 2020—2021 年全国重点大型零售企业各类别商品零售额增长情况（%）

数据来源：中华全国商业信息中心。

（八）消费升级类零售业态增长较快

根据国家统计局数据，2021 年限额以上零售业态中，超市零售额同比增长 6.0%，增速快于上年 2.9 个百分点。百货店、专业店、专卖店、便利店在居民消费特别是升级类消费快速恢复的推动下，均实现 10% 以上的较快增长。

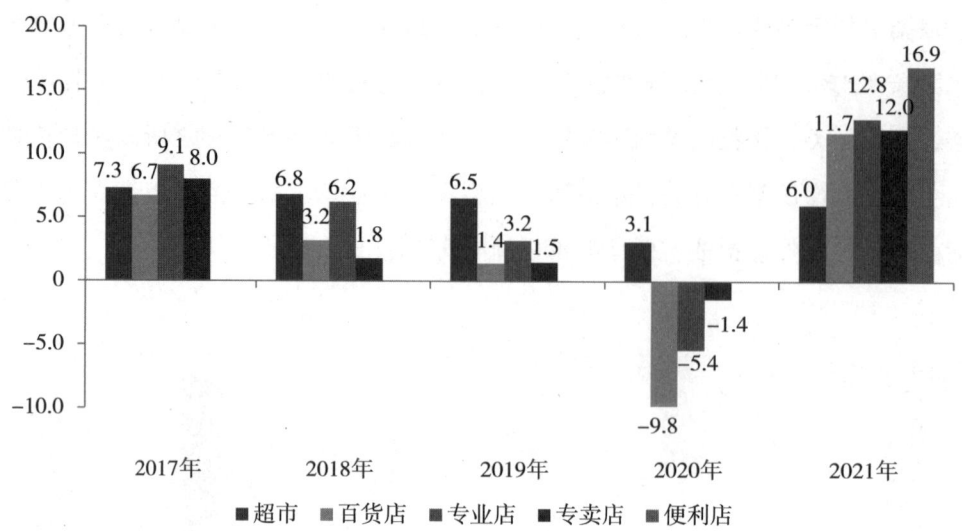

图 2-15　2017—2021 年限额以上单位各零售业态零售额增长情况（%）

数据来源：国家统计局。

二、2021 年我国消费品市场运行特点

（一）消费升级趋势不改

随着居民收入持续增长以及防控措施更加精准有序，我国商业逐步回暖，居民消费呈现优化升级的良好趋势。2021 年全国居民恩格尔系数为 29.8%，比上年下降 0.4 个百分点，交通和通信、教育文化和娱乐、医疗保健三项支出占比合计 32.7%，较上年提高 1.4 个百分点。2021 年全国居民人均服务性消费支出同比增长 17.8%，增速较上年提高 26.4 个百分点，增速快于全国居民人均消费支出 4.2 个百分点。人均服务性消费支出占居民人均消费支出比重为 44.2%，比上年回升 1.6 个百分点。2021 年，限额以上单位文化办公用品类、体育娱乐用品类、化妆品类、金银珠宝类和通信器材类商品零售额比上年分别增长 18.8%、22%、14%、29.8% 和 14.6%，两年平均分别增长 12.1%、15%、11.7%、11.2% 和 13.7%，增速明显高于商品零售平均水平。

（二）国潮品牌占领消费心智

三大因素使得消费者对国产品牌的认可度进一步提升。一是近年来，国货在品质有保障的基础上，更加注重时尚感和功能细节的提升，国货的颜值与年轻消费群体的审美高度契合，国货的功能体验与我国消费者的需求高度匹配；二是当今世界正在经历百年未有之大变局，我国的大国形象、国际话语权、国际影响力持续提升，中华民族的爱国热情和文化自信力与日俱增，从而激发人们对国潮兴起的信心和对中国品牌引领世界潮流的期待，消费者普遍更加支持国货的发展；三是国货品牌提前布局线上渠道，线上营销策略较成熟，使得疫情防控期间的渠道优势较为明显。

（三）境内奢侈品市场延续高增长

消费回流进一步推动我国奢侈品市场快速增长。根据贝恩公司预测，继2020年取得48%的增长后，中国境内个人奢侈品市场2021年将实现36%的增长，市场规模达到近4710亿元，较2019年实现翻番。疫情导致出境游大幅减少，消费回流趋势持续，境内奢侈品市场占中国消费者全球奢侈品消费的比重进一步提高到90%以上。中国奢侈品市场占全球奢侈品市场的比重已经上升到21%左右，未来有望成为全球最大的奢侈品市场。随着品牌、品类、价格不断与国际接轨、购物环境持续优化、风险防控继续完善，海南免税店成为中国奢侈品市场快速发展的重要助力。2021年，在上年实现销售额同比翻番的基础上，海南10家离岛免税店总销售额实现602亿元，同比增长84%，免税购物人数达到968万人次，同比增长73%。

（四）高性价比零售业态实现较快发展

以追求高性价比为主要特征的理性消费稳步增长，推动高性价比零售业态呈现出两个方面的发展特点。一是侧重价格优势的高性价比零售业态不断创新，满足消费者用较低成本获得新商品、新服务体验的尝新需求。二是侧重品质感的高性价比零售业态快速发展，通过优化供应链，精准匹配消费需求，来满足人们对高品质简约生活的追求。这两类零售业态的崛起，虽然对传统的性价比零售业态造成一定的冲击，但也为我国理性消费市场带来更多元化、更多层级的创新消费体验。

（五）市场依然面对多重压力

疫情散发、极端气候事件增多、物价上涨预期增强、汽车消费回落等外部因素对我国消费依然有较大的负面影响。2021年8月至12月，我国社会消费品零售总额同比名义增速分别为2.5%、4.4%、4.9%、3.9%、1.7%，均为个位数。8月至

11月同比实际增长分别为0.9%、2.5%、1.9%、0.5%，增速较5月10.1%、6月9.8%、7月6.4%明显放缓。居民消费行为趋于谨慎，扩大内需、促进消费任重道远，稳增长、保就业、提收入、促创新以及优化营商环境依然是下一阶段推动我国消费升级的重要抓手。

三、2021年我国主要商品消费市场运行情况——服装市场

2021年，我国经济社会发展稳中有进，居民收入持续增长，恩格尔系数低于上年，可选消费增长较快，推动服装消费实现恢复性增长，服装消费升级趋势不改，市场竞争程度相应回升，服装市场进入新国潮消费时代。下半年以来，在局部疫情零散发生和同期基数抬高等因素影响下，服装市场下行压力较大，线上线下服装消费增速均有放缓，居民消费行为趋于谨慎。

2022年，我国经济工作继续以稳字当头、稳中求进，政策将更好地支持实体经济，居民收入水平、消费水平将持续提升，服装消费市场将进一步高质量发展，市场增速将回归正常、平稳的增长态势。国潮热度仍将持续，国潮内涵不断丰富，精神文化需求将成为普遍需求。我国服装品牌将坚持传承品牌经典元素，深入诠释中国时尚文化，并推动中国时尚文化成为影响世界时尚潮流的重要力量。

（一）2021年我国服装消费市场运行情况

2021年，我国服装消费实现恢复性增长，限额以上单位服装商品零售额同比增长14.2%，较2019年同期提高2个百分点。服装消费升级趋势不改，居民服装消费价格同比上涨0.4%。分零售渠道来看，实体店消费回暖，重点大型零售企业服装零售额、零售量、消费均价均实现同比正增长，市场竞争度有所回升。网上"穿"类商品消费实现较快增长，但扣除低基数影响，两年平均增速已降至个位数，低于网上消费平均增长水平。下半年，特别是8月以来，服装消费市场下行压力较大，线上线下服装消费增速均有放缓，居民消费行为更加谨慎。

1. 服装消费实现恢复性增长

（1）限额以上单位服装商品零售额超过2019年同期水平

2021年限额以上单位服装商品零售额规模超过2019年同期水平，国家统计局

数据显示，2021年，限额以上单位服装类商品零售额实现9974.6亿元，较上年同期增长14.2%，涨幅高于限额以上单位商品零售平均增速水平1.4个百分点。但据测算，和2019年同期相比，限额以上单位服装类商品零售额增长2%，增幅低于限额以上单位商品零售平均增速水平8.9个百分点，由此可见，2021年服装消费市场虽然实现较快增长，但如果扣除低基数效应，增速水平并不突出。

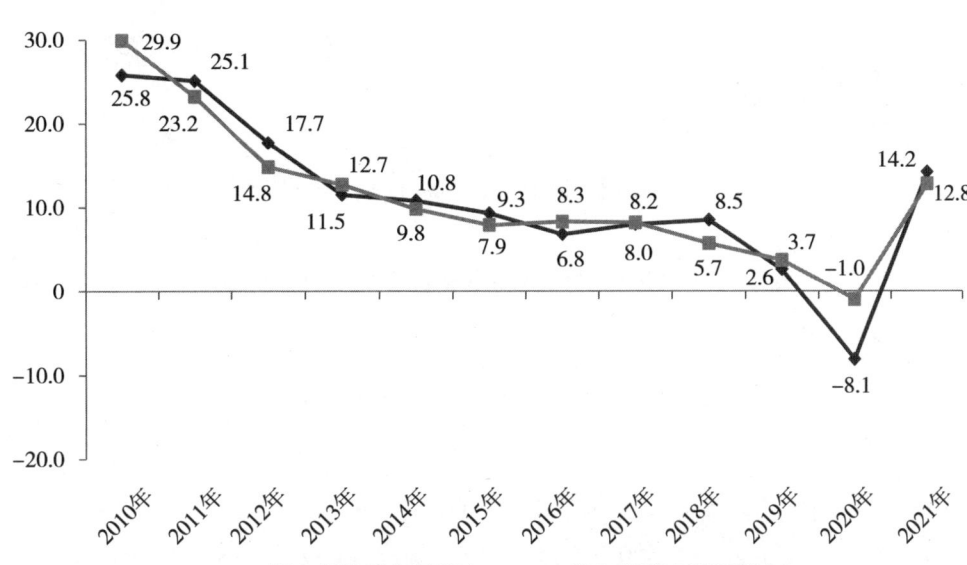

图2-16　2010—2021年限额以上单位服装商品零售额增速（%）

数据来源：国家统计局。

（2）服装消费价格温和上涨

服装消费市场活跃度提升，同期价格涨幅回落，使得今年服装消费价格实现温和上涨。但由于居民消费心理依然偏谨慎，企业在疫情影响下库存水平有所提升，使得服装消费价格难以从整体上实现大幅度增长。2021年，服装消费价格累计上涨0.4%，涨幅虽然较2020年有所回升，但低于居民消费价格涨幅0.5个百分点。

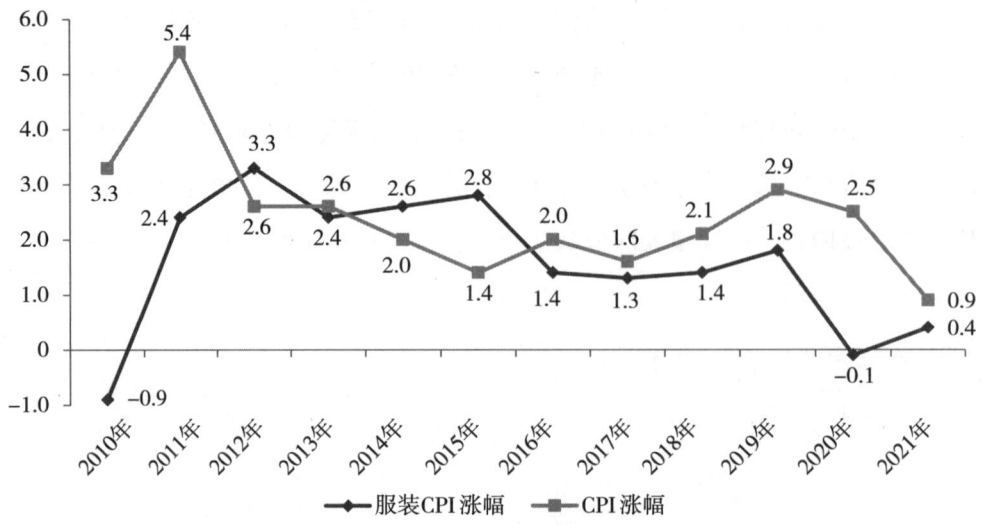

图 2-17　2010—2021 年服装类居民消费价格涨幅（%）

数据来源：国家统计局。

2. 大型零售企业服装消费回暖

（1）全国重点大型零售企业服装销售回暖

2021 年，全国重点大型零售企业服装零售额同比增长 9.2%，增速低于全国重点大型零售企业商品零售额平均增速 0.2 个百分点。其中，男装、女装和童装零售额分别增长 9.3%、10.5% 和 11.4%。尽管大型零售企业服装销售有所回暖，但由于下半年局部疫情零散发生，对客流量造成一定的影响，所以大型零售企业服装销售尚未恢复到 2019 年同期水平，男装、女装、童装等主要服装品类销售额依然与 2019 年同期有一定的差距。

（2）全国重点大型零售企业服装消费均价持续提升

2021 年，全国重点大型零售企业服装消费均价在上年增长 18.4% 的基础上，实现 1.7% 的同比正增长，反映大型零售企业服装消费持续升级，品质消费、品牌消费特征明显。

（3）全国重点大型零售企业服装零售量增速低于零售额增速

在同期低基数作用下，2021 年，全国重点大型零售企业服装零售量同比增长

7.4%，各品类服装零售额均高于上年同期，皮革服装、羊绒及羊毛衫零售量增长较快。2021年大型零售企业服装零售量增速低于零售额增速1.8个百分点，从两者与2019年同期比较的增速来看，服装零售量恢复程度依然低于零售额，反映出大型零售企业的服装消费已经脱离数量需求，进入品质需求阶段。

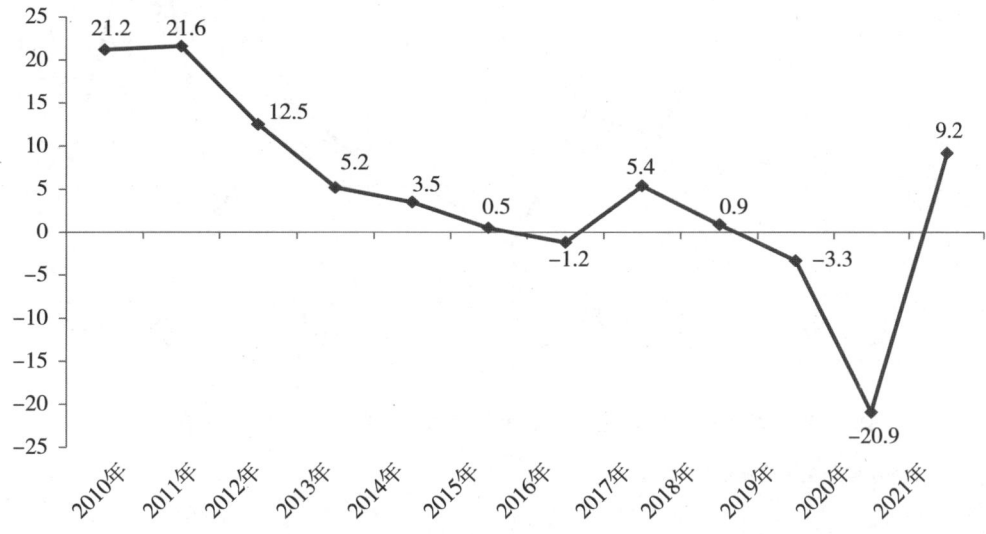

图2-18　2010—2021年全国重点大型零售企业服装零售额增速（%）

数据来源：中华全国商业信息中心。

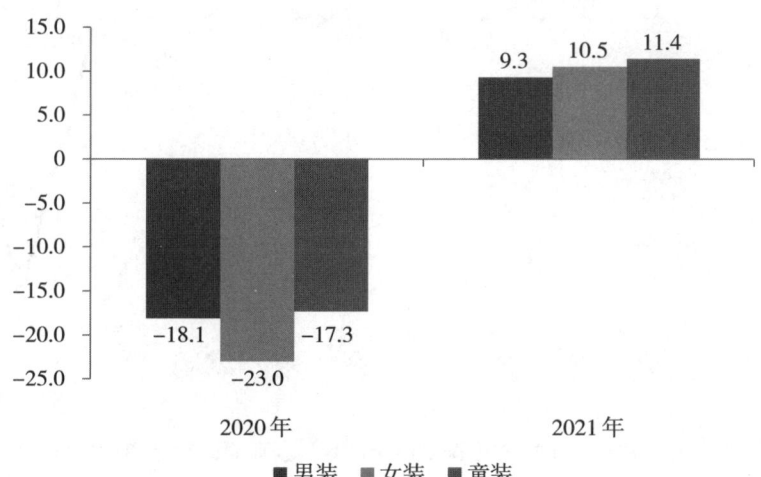

图2-19　2020—2021年全国重点大型零售企业男装、女装、童装零售额增速（%）

数据来源：中华全国商业信息中心。

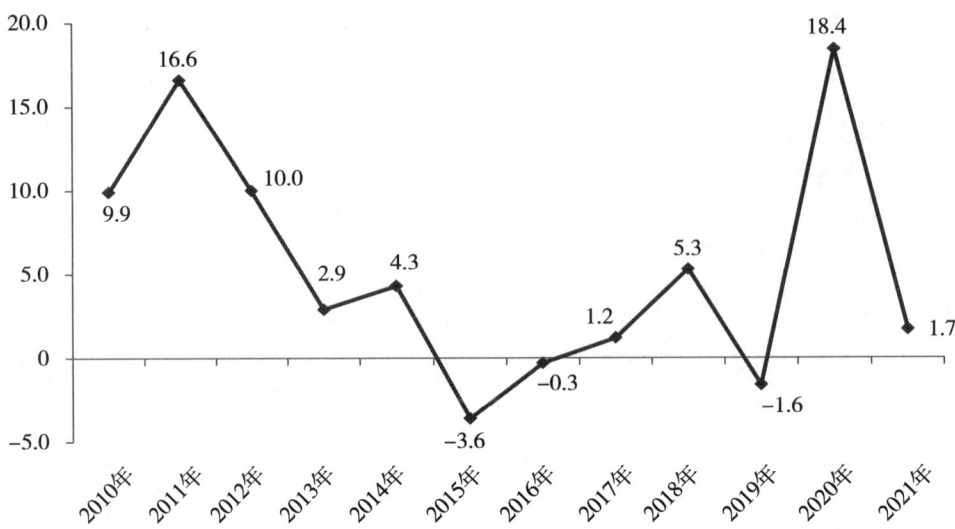

图 2-20　2010—2021 年全国重点大型零售企业服装消费均价涨幅（%）

数据来源：中华全国商业信息中心。

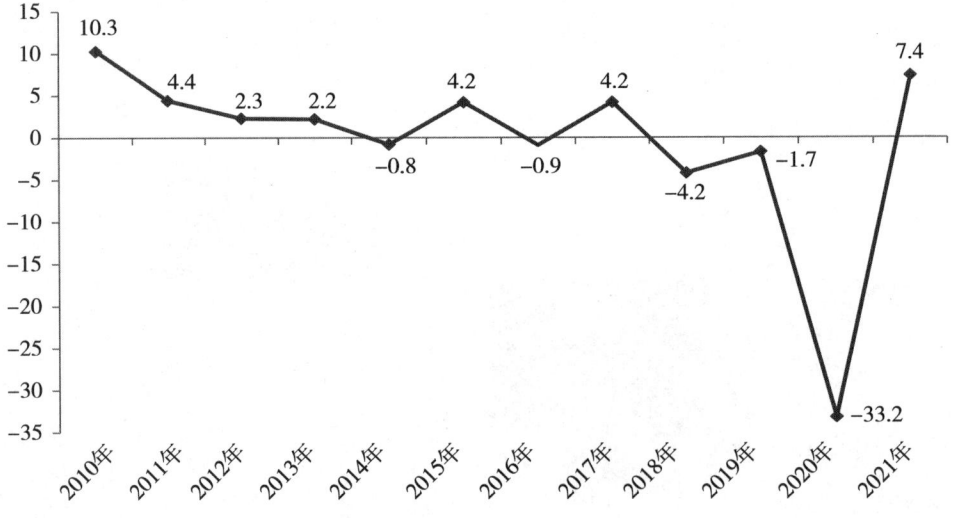

图 2-21　2010—2021 年全国重点大型零售企业服装零售量增速（%）

数据来源：中华全国商业信息中心。

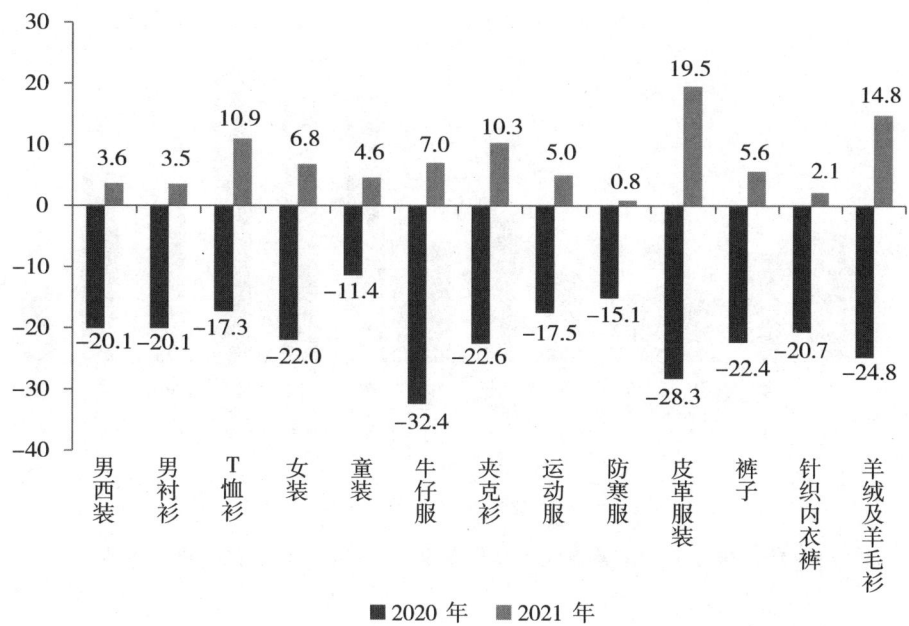

图 2-22　2020—2021 年全国重点大型零售企业各品类服装零售量同比增速（%）

数据来源：中华全国商业信息中心。

（4）全国重点大型零售企业部分服装品类市场竞争度提升

随着线下消费恢复，品牌经营力度加大，热点品类新品牌、新产品增多，零售渠道竞争加剧，使得服装品牌市场竞争程度有所提升，以百货为主的重点大型零售企业部分服装品类的市场集中度较上年下降。其中，T 恤衫、女装、羊毛衫、女性内衣、运动服、羽绒服市场综合占有率低于上年。

3. 网上"穿"类商品零售增速加快

（1）网上实物消费进入追求品质、内涵的理性发展阶段

根据《"十四五"电子商务发展规划》，我国电商已进入规范发展、协调发展、绿色发展、开放发展的新发展阶段，我国电商将全面践行新发展理念，引领消费升级，培育高品质数字生活。在规划的指引下，线上消费进入追求品质、内涵的理性发展阶段。2021 年，实物商品网上零售额实现 108042 亿元，同比增长 12%，增速较上年放缓 2.8 个百分点，两年平均增长 13.4%，占社会消费品零售总额的比重为 24.5%，占比较 2020 年下降 0.4 个百分点。

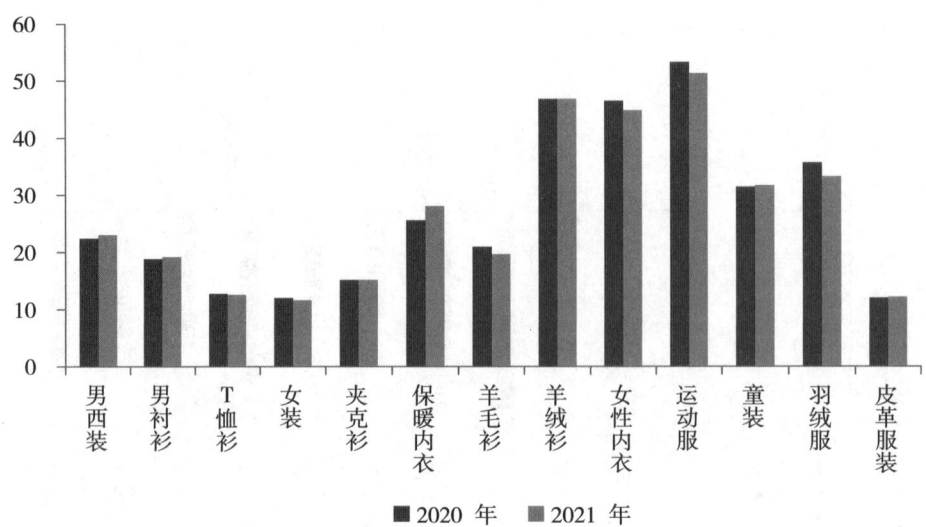

图 2-23　2020 年、2021 年全国重点大型零售企业各服装品类前十品牌市场综合占有率（%）

数据来源：中华全国商业信息中心。

（2）"穿"类网上销售实现较快增长

2021 年，"穿"类商品网上零售额同比增长 8.3%，增速较 2020 年加快 2.5 个百分点。"用"类商品网上零售额同比增长 12.5%，增速较 2020 年放缓 3.7 个百分点。"吃"类商品网上零售额同比增长 17.8%，增速较 2020 年放缓 12.8 个百分点。

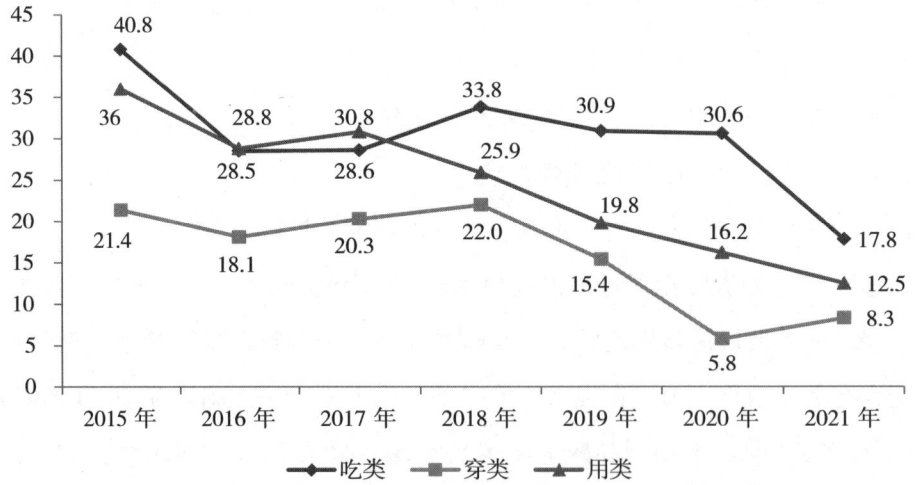

图 2-24　2015—2021 年网上吃、穿、用类实物商品零售额增速（%）

数据来源：国家统计局。

4. 下半年服装消费市场增长压力加大

（1）8—12月限额以上单位服装零售额同比增速连续为负

8月以来，局部疫情零散发生、极端气候事件增多、同期增速基数抬高等因素给服装消费增长带来一定的下行压力，8—12月，限额以上单位服装零售额连续五个月均为负增长，但降幅逐月放缓。

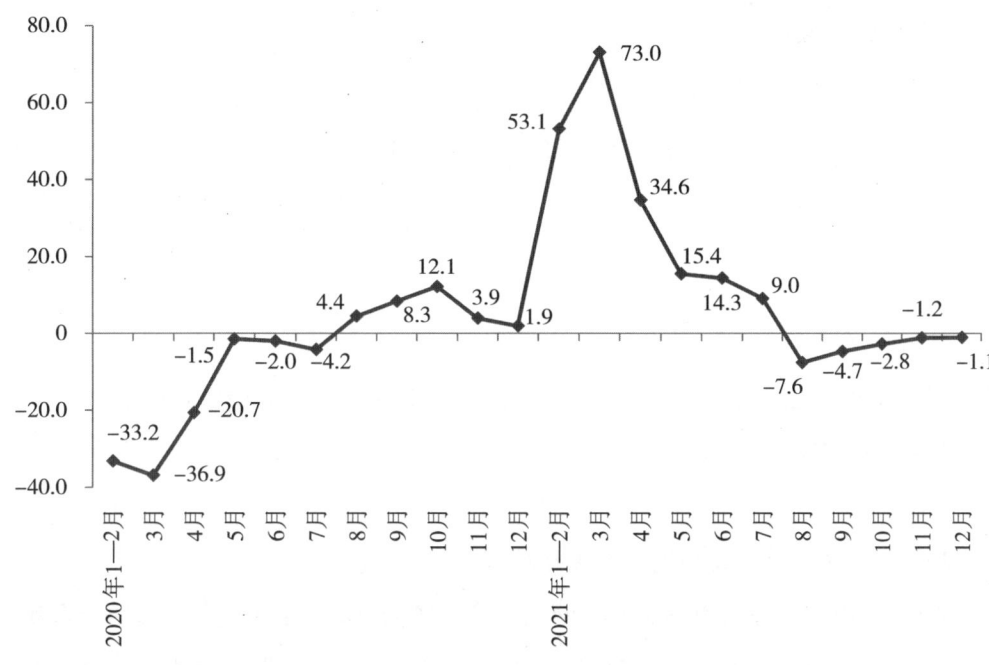

图 2-25　2020—2021年限额以上单位服装商品零售额各月同比增速（%）

数据来源：国家统计局。

（2）重点大型零售企业服装销售下行压力较大

6月以来，重点大型零售企业服装零售量连续负增长，8—12月降幅均为两位数。服装零售额增速7月放缓至个位数，且8—12月均为负增长。

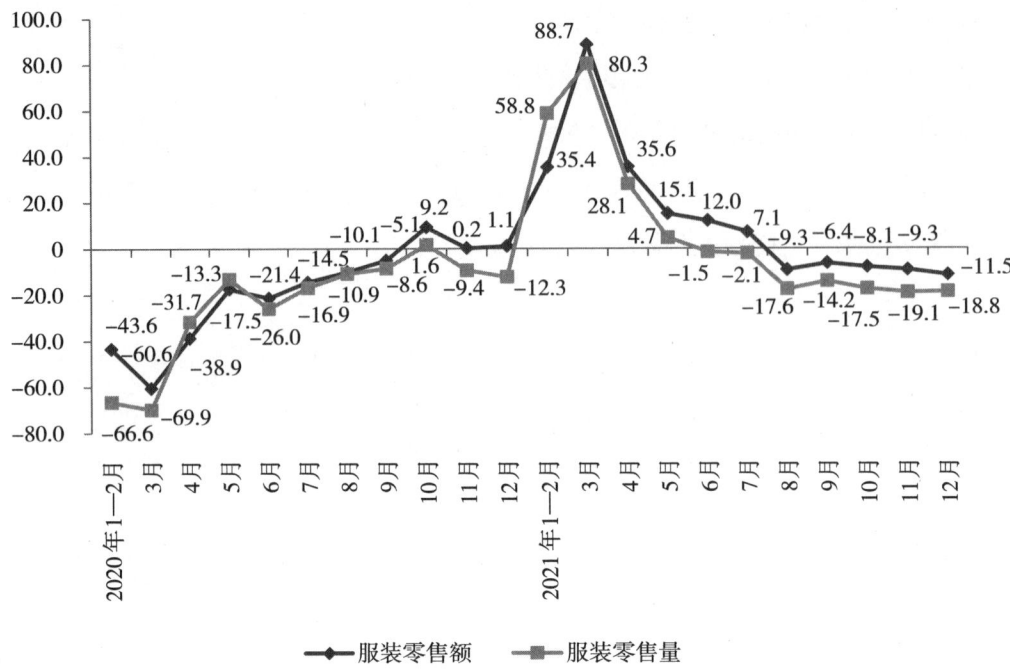

图 2-26　2020—2021 年全国重点大型零售企业服装零售增速（%）

数据来源：中华全国商业信息中心。

（3）网上"穿"类商品零售额增速放缓

2021 年，从各月累计增速来看，网上"穿"类商品零售额增速持续放缓，全年增长 8.3%，增速较第一季度累计增速放缓 31.3 个百分点，较上半年累计增速放缓 15.8 个百分点，较前三个季度累计增速放缓 7.3 个百分点，增速放缓趋势比较明显。

（二）2021 年我国服装市场消费特点

2021 年服装市场最大的特点是进入新国潮消费时代。我国经济率先复苏、供应链稳健发展、零售渠道畅通多元、人们对中华文化的认同感和自豪感与日俱增，使得国产品牌创新升级的决心更加坚定，安踏、李宁、波司登等国货之光品牌以新产品、新模式、新体验、新形象持续颠覆消费者的价值认知，国产品牌在性价比优势的基础上，社会价值、情感价值不断升级，并得到市场的广泛认可。新兴品牌则通过创造细分赛道、制造热点话题、发挥性价比优势、打造单品爆款等方式，赢得年轻消费者的青睐，为服装市场注入新活力。2021 年，服装消费升级已经成为人们追求高品质生活的重要体现，在品质消费、品牌消费、国潮消费的基础上，服装消费正在不断深入时尚本质，设计师风格成为消费者关注的重要元素，ITIb设计师平台获得今年天猫双十一女装销售第一，安莉芳等品牌持续推出国际设计师联名款，践行多元文化、国际时尚为我所用，极大丰富了中国现代时尚的内涵。

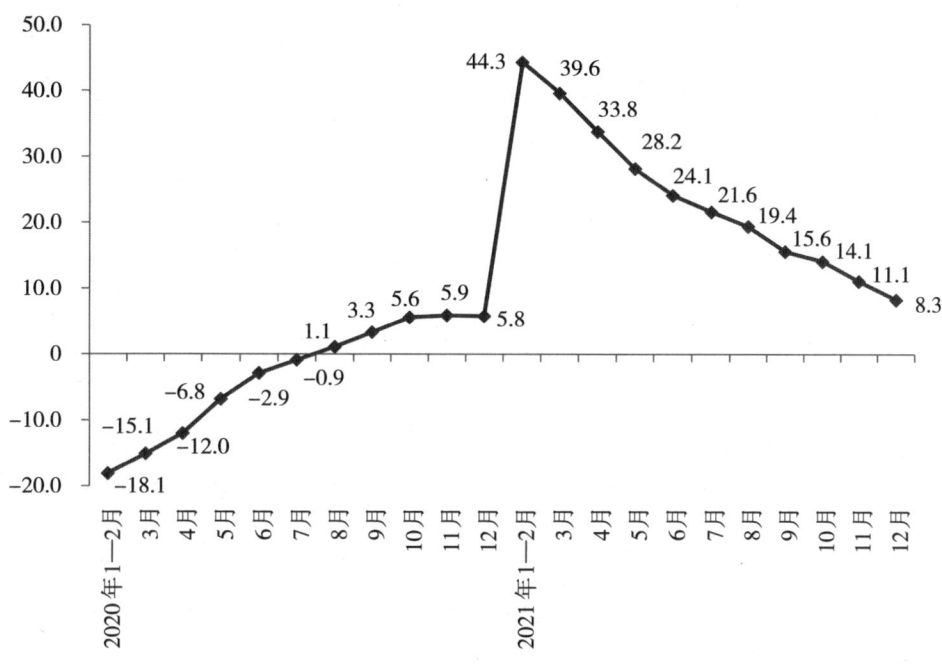

图 2-27　2020—2021 年网上"穿"类商品零售额增速（%）

数据来源：国家统计局。

1. 服装消费市场迎来新国潮时代

我国品牌服装的质量不断提升、功能不断丰富，与国际高端服装品牌相比，性价比优势日益显著，国产品牌的社会价值、情感价值也在逐步得到市场认可，为服装国潮消费的兴起奠定了坚实基础。我国经济率先复苏，供应链稳健发展，零售渠道畅通多元，为我国服装品牌提速升级创造良好的市场环境。中国崛起、民族复兴、全面小康、抗疫胜利使得民众对中华文化的认同感和自豪感日益提升，为国潮经济发展提供了良好的社会环境。在商品力、品牌力、文化力全面提升的推动下，我国服装消费进入新国潮时代。安踏、李宁、波司登等一批国货之光品牌积极创新，以新产品、新模式、新体验持续冲击消费者的认知，市场重新审视国货品牌的创造力。

2. 高质量发展与高品质生活推动服装消费升级

高质量发展与高品质生活有机结合、相得益彰。服装供给的品质化、个性化、多元化，以及零售渠道的场景化、高端化都需要服装消费升级的支撑才能够实现可持续发展。居民收入的稳定增长是服装消费升级的重要保障。我国中等收入群体已经超过4亿人，在扎实推动共同富裕的政策指引下，我国中等收入群体进一步扩大，人们对美好生活、品质生活的需求持续提升，从而巩固增强我国服装消费升级趋势。

3. 龙头品牌和创新品牌的优势更加明显

服装头部品牌在资金、人才、技术、管理上具备优势，近年来，品牌升级意识大幅增强，把握机遇能力大幅提升，在品质升级、产品创新、扩大宣传、多元布局等方面占据先机，形成一批消费者认可度非常高的优秀品牌。同时，市场上的新兴力量也在快速崛起，在概念、渠道、定价、消费群体四个方面区别于传统优势品牌，通过创造细分赛道、制造热点话题、发挥性价比优势、打造单品爆款等方式，赢得年轻消费者的青睐，为服装市场注入新活力。头部品牌做大做强与新兴品牌锐意进取是我国服装市场良性发展的重要体现，也是促进我国居民服装消费理念不断提升的市场基础。

4. 设计师联名系列得到消费者青睐

2021年，国产服装品牌加大与国际设计师合作力度，联名系列回归时尚本质，多元文化、国际时尚为我所用，中国现代时尚的内涵得到极大丰富。设计师联名系列一方面能够带给服装消费者更深层次的设计感体验，如安莉芳与国际设计师合作，结合中国传统文化寓意，推出玫瑰系列内衣，得到消费者青睐。同时，也可以促进国内外设计师交流互鉴，为国内设计师走入大众视线创造舞台，如"双十一"女装销售排名第一的ITIb，展现国内独立设计师魅力。

5. 全民健身需求带动运动服饰消费实现较快增长

全民健身需求正在逐渐成为我国居民的刚性需求。一是疫情使得人们加强自身健康管理；二是《全民健身计划（2021—2025）》的颁布和教育行业双减政策使得全民健身需求大幅增长;三是虎年春节恰逢北京冬奥会(冬残奥会)开幕,广大人民群众的冰雪消费热情得到激发,冰雪装备、户外运动等相关消费成为冬季消费品市场的一大亮点。在各种利好因素的促进下,2021年我国运动服饰品牌业绩实现稳步增长,头部运动服饰品牌营收实现两位数的较快增长。

(三)服装消费市场发展趋势

2022年,我国经济工作以稳字当头、稳中求进,服装消费市场将进一步高质量发展,市场将回归平稳增长态势。在服务消费、精神消费、文化消费持续扩大的趋势下,以品牌形象、门店环境、知识体验构成的感觉价值将成为影响品牌销售的重要价值之一。中高端消费群体对品牌基因的关注,将使得服装品牌强化自身风格的定力,着重品牌经典元素的传承,以及潮流元素、新概念的体现。国潮消费将从符号化、标签化发展到体系化、实物化,国潮服装品牌将相应地从展现中国传统元素深入到解读中国时尚文化。中国时尚文化不仅是国内市场发展的重要组成部分,更将成为推动世界时尚潮流的重要力量。

1. 服装消费市场将回归平稳增长态势

2020年,疫情对服装消费市场造成深刻影响,同期基数相对较低。2021年,疫情整体有所缓解,但局部地区疫情零散发生和增速基数效应使得服装消费市场的各月增速出现较大波动。2022年,虽然不确定因素依然存在,但可以确定的是我国经济工作将以稳字当头、稳中求进。我国财政政策、金融政策、产业政策将更好地支持实体经济发展。我国制造业核心竞争力将进一步提升,供应链韧性将持续巩固增强。我国将继续做好"六稳""六保"工作,居民收入水平、消费水平将持续提升。在这个大环境下,2022年我国服装消费市场将进一步高质量发展,市场增速将回归平稳增长态势。

2. 品牌形象与知识内涵将成为影响服装消费的关键

长时期以来,市场非常关注服装的功能价值、社会价值、情感价值及最终的交换价值。时至今日,在市场竞争日益激烈的环境下,吸引顾客进店、提高会员复购率成为品牌服装实现各种价值变现的前提。因此,品牌的感觉价值将成为影响销售的重要价值之一。感觉价值包括两个部分:一是吸引消费者关注产品的价值,消费者首先要对产品、品牌感兴趣，才会进店消费，制造有吸引力的门店环境和品牌形象非常重要；二是感觉价值能否影响消费者的心智，取决于消费者是否在购物过程中获得知识。服装消费者将更加重视知识的获取，也更加愿意为获取知识支付相应的代价，因此，品牌所赋予的知识程度将决定品牌的溢价程度。

3. 服装品牌将更加注重品牌基因的传承

加强中国品牌建设是立足新发展阶段、贯彻新发展理念、构建新发展格局、推动高质量发展、更好满足人民对高品质生活需求的重要举措之一。中高端特别是高端服装消费者特别关注品牌基因的呈现与宣传。品牌基因来自品牌经典元素的传承，也来自潮流元素、新概念在服装产品上的展现。品牌需要门店环境、广告宣传、数据挖掘、战略研究等外力，来促成一切元素作用于品牌传承与提升的方向，而不是在繁杂的信息干扰下，丧失品牌原有的特质。

4. 中国时尚文化将成为国潮服装消费的热点

国潮热促使国产服装品牌将大量中国传统文化元素，如故宫、朱雀、敦煌、脸谱等融入服饰产品，为广大年轻消费者了解中国传统文化，增强文化自信，营造文化消费氛围作出重要贡献。但国潮是一个长期存在、可持续的消费浪潮，消费者不会停留在符号化、标签化的需求阶段，对时尚文化的追求将进一步推动国潮文化体系化、实物化发展。国潮服装品牌将从展现中国传统元素深入到解读中国时尚文化，用中国文化的实物化呈现，去触动消费者的思想。

5. 中国时尚文化将成为推动世界时尚潮流的重要力量

习近平主席在第四届中国国际进口博览会开幕式主旨演讲中指出，"一个国家、一个民族要振兴，就必须在历史前进的逻辑中前进、在时代发展的潮流中发展。中国扩大高水平开放的决心不会变，同世界分享发展机遇的决心不会变，推动经济全球化朝着更加开放、包容、普惠、平衡、共赢方向发展的决心不会变"。因此，中国对外开放的水平将不断提升，开放会进一步推动中国社会价值与世界社会价值融合。中国作为最大的制造国，正在从生产大国转向创造大国，未来将输出更多高品质产品为世界人民服务，中国时尚文化不仅是国内市场发展的重要组成部分，更将成为推动世界时尚潮流的重要力量。

四、2021年我国主要商品消费市场运行情况——家纺市场[①]

（一）2021年全国重点大型零售企业床上用品市场运行情况

1. 零售额增速有所上扬

中华全国商业信息中心统计数据显示，2021年全国重点大型零售企业床上用品零售额同比增长5.7%，与上年相比，零售额增速大幅下滑的态势得到逆转。

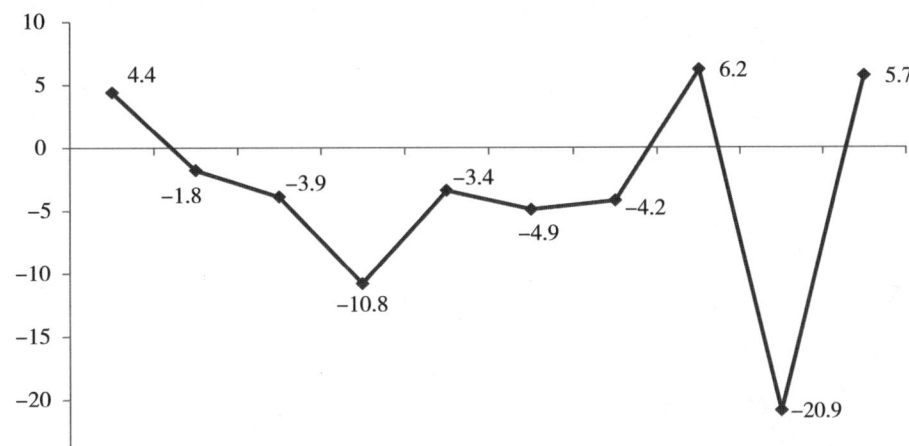

图2-28　2012—2021年全国重点大型零售企业床上用品零售额增长情况（%）

数据来源：中华全国商业信息中心。

分月来看，床上用品零售额增速经历了年初大幅上升以后迅速回落，6、7月销售出现小幅回升，接近年末又因疫情扩散销售再次显示出疲态。

2. 平均单价较上年明显上升

2021年国家对部分地区的限产、限电政策措施对床上用品行业上游的染厂、织布厂这些高耗能的企业的产能造成了影响，导致染费和坯布价格都有不同程度的上涨，上游价格的上涨也传导到了零售终端。2021年，全国重点大型零售企业床上用品平均单价明显上升，其中床上用品套件平均单价为648元，同比上涨了44元；各种被平均单价为725元，同比上涨了108元。

---

① 主要以床上用品作为研究对象。

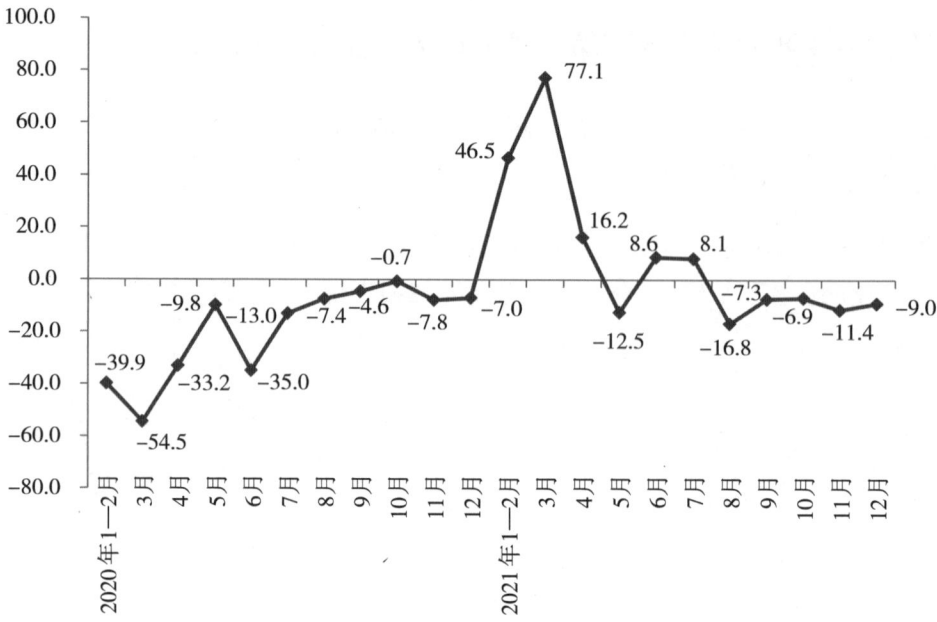

图 2-29 2020—2021 年全国重点大型零售企业床上用品类零售额月度增速（%）

数据来源：中华全国商业信息中心。

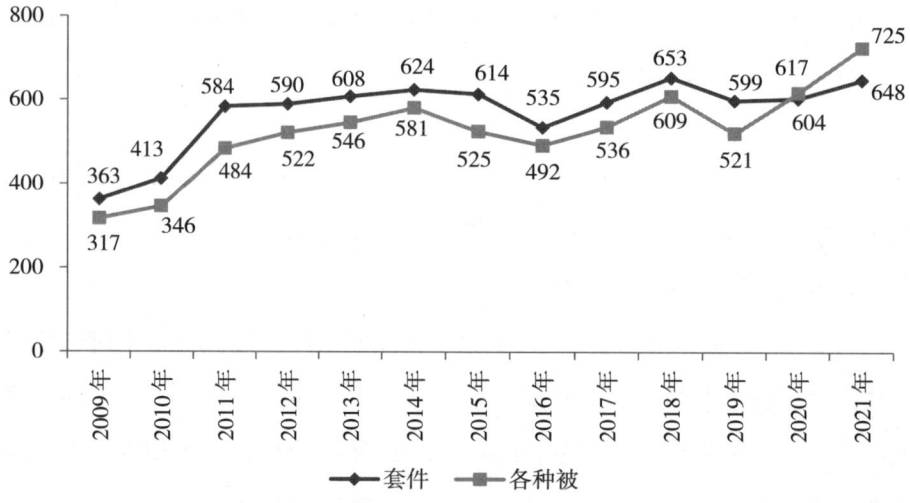

图 2-30 2009—2021 年全国重点大型零售企业床上用品套件和各种被平均单价（元）

数据来源：中华全国商业信息中心。

3. 二线城市零售额增速相对较高

2021年,全国重点大型零售企业二线城市零售额同比增长6.6%,增速相比上年大幅提高26.3个百分点;一线城市同比增长3.4%,增速相比上年大幅提高25.5个百分点;三线城市同比增长5.2%,增速相比上年大幅提高30.2个百分点。

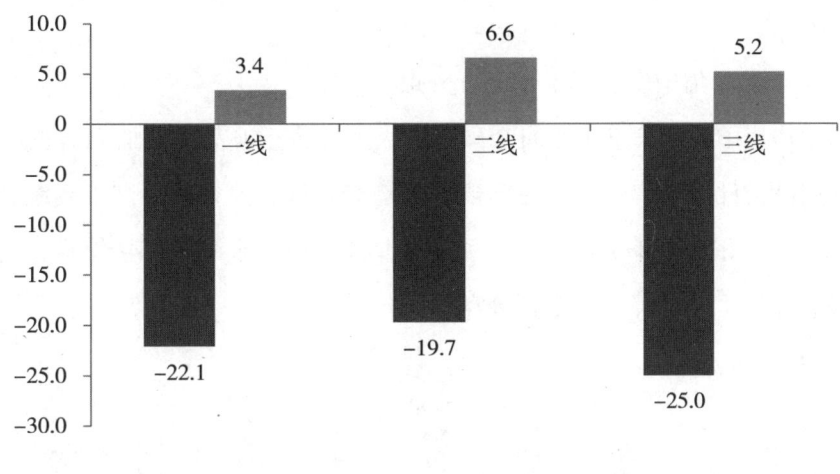

图 2-31 2020—2021 年全国重点大型零售企业床上用品分线城市零售额增速(%)

数据来源:中华全国商业信息中心。

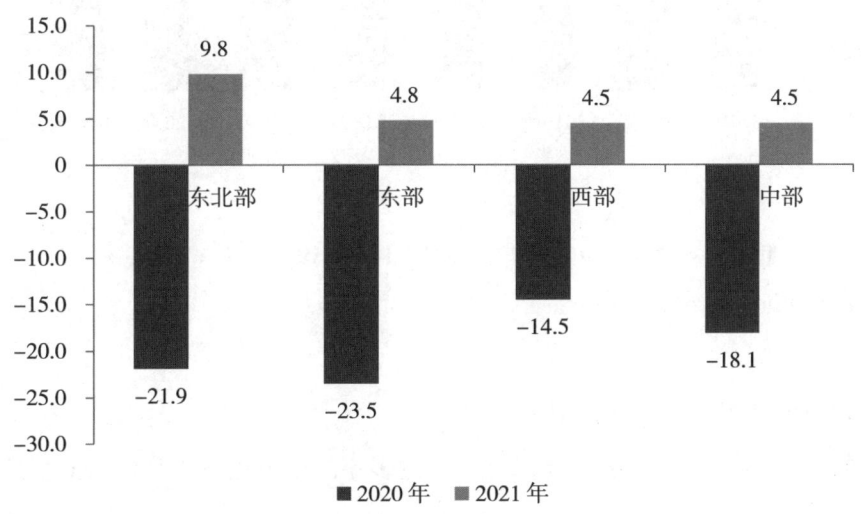

图 2-32 2020—2021 年全国重点大型零售企业床上用品分地区零售增速(%)

数据来源:中华全国商业信息中心。

从地区市场来看，东北部地区的床上用品零售额同比增长9.8%，相对领先，增速分别高于东部、西部、中部地区5.0、5.3和5.3个百分点。与上年相比，东北部地区零售额增速上升的幅度也最大。

（二）2021年家纺市场中优势品牌情况分析

1. 套件

（1）前十品牌集中度下降1.5个百分点

根据中华全国商业信息中心对全国重点大型零售企业品牌的监测数据，2021年我国床上用品套件市场集中度呈现小幅下降趋势，排名前十的品牌市场综合占有率之和为41.2%，相比上年下降1.5个百分点；排名前二十品牌市场综合占有率之和为52.5%，相比上年下降0.8个百分点。

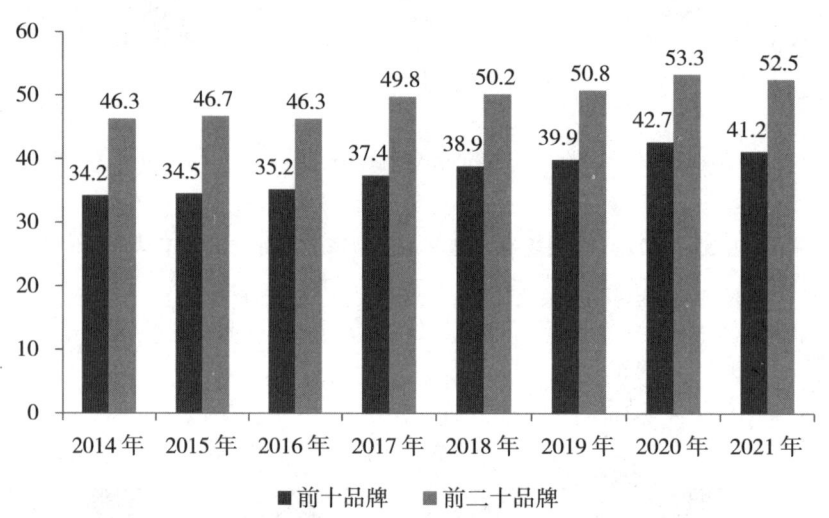

图2-33 2014—2021年床上用品套件市场综合占有率情况（%）

数据来源：中华全国商业信息中心。

（2）行业品牌格局成熟稳定

从2021年前十品牌排名情况来看，经过多年的市场竞争，我国床上用品套件市场已经建立了比较成熟的品牌格局，各品牌市场份额也比较稳定，相比上年，前十品牌排名与上年不变，其中罗莱、梦洁、富安娜、水星家纺以10.1%、7.5%、5.2%和4.9%的市场综合占有率继续排名前四位，构成床上用品市场的第一梯队。

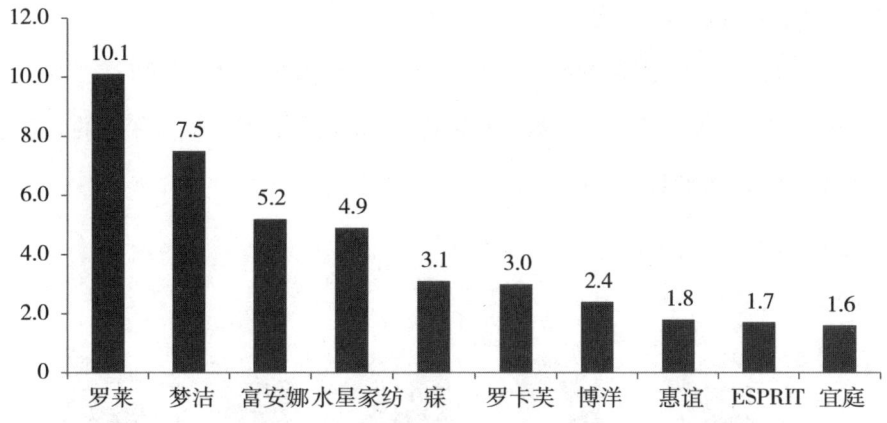

图 2-34　2021 年全国床上用品套件市场前十位品牌占有率情况（%）

数据来源：中华全国商业信息中心。

2. 各种被

（1）前 10 品牌集中度提升 1.2 个百分点

2021 年全国重点大型零售企业床上用品各种被前十品牌市场综合占有率之和为 39.7%，相比上年提升了 1.2 个百分点，前 20 品牌市场综合占有率之和为 51.2%，相比上年提升了 1.3 个百分点。

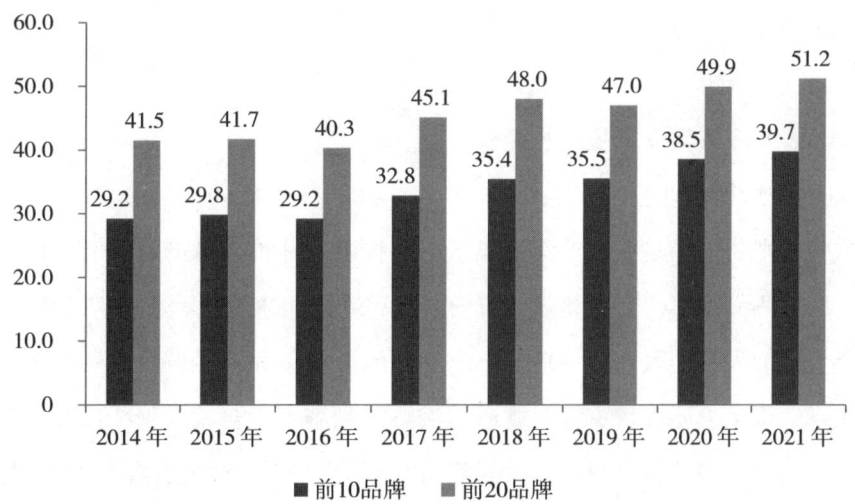

图 2-35　2014—2021 年全国重点大型零售企业床上用品各种被市场综合占有率情况（%）

数据来源：中华全国商业信息中心。

（2）领先品牌间市场综合占有率差距缩小

2021年全国重点大型零售企业床上用品各种被市场领先品牌间差距有所缩小，第1名与第10名品牌、第1名与第20名品牌之间的市场综合占有率的差值相比上年分别下降了0.9个和1.3个百分点。

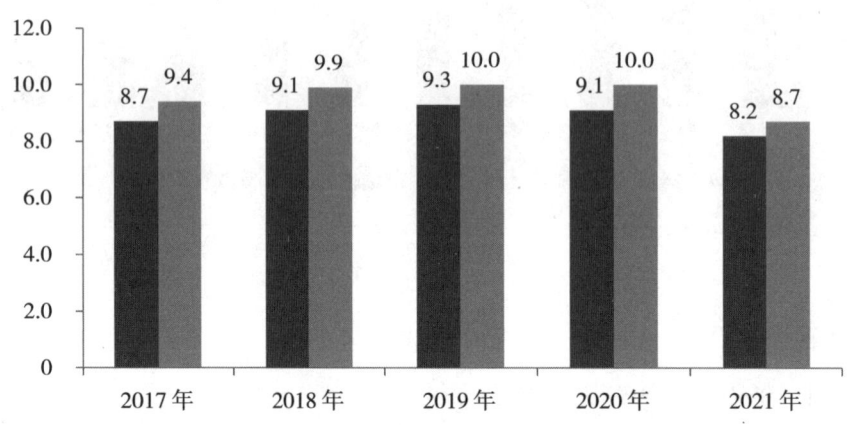

图 2-36　2017—2021年床上用品各种被市场优势品牌间市场综合占有率差值（%）
数据来源：中华全国商业信息中心。

（三）床上用品消费市场发展趋势

1. 疫情或加速行业整合

这次疫情危机对零售各行业都造成了不同程度的冲击，目前疫情的影响仍在进一步加深，床上用品也面临需求萎缩的市场情况，这将加速行业重新洗牌，预计2022年行业整合规模加大。其表现：一是中小床上用品企业将面临经营困难的境地，由于商场客流锐减，很多大型百货零售企业通过淘汰小品牌、聚合大品牌，提升单店销售业绩，市场快速向优势品牌集中；二是零售渠道整合，为拓展零售渠道，行业加快与其他行业融合，床上用品与布、家具、网络销售平台融合，共建整体家居零售渠道；三是管理精细化，企业不断整合上下游资源，实行成本控制，减缓产能扩张速度等；四是调整产品结构，升级产品品质，满足个性化、差异化的消费需求。

2. 床上用品逐渐向快消品转变

床上用品近几年在发生着快速的变化,从一个超长的耐消品向半耐消半快消的方式演变,未来将逐渐向快消品靠近,因为国人已经逐渐从注重外表,如购买奢侈品以显示自己的经济实力和社会地位,向注重内在的幸福感转型,这也是国人自信心提升的一种表现,是物质生活发展到一定水平的必然趋势,除了外在的体面,在选购床上用品时更加关注面料的舒适度、环保性、卫生健康等,这使得床上用品的消费频次和消费品质都有了很大的提升。

3. 产品健康化、功能化、绿色化

当前健康消费成为时尚,各行业都将健康作为重要的考虑因素。床上用品的健康体现在床上用品的面料更加讲究天然性,纯棉、丝绵、真丝等受到消费者喜爱,染色的颜料也讲究纯天然,床上用品的用料、设计、生产工艺讲究与环保、健康消费相结合。

此外,消费者对产品功能性的重视程度日益提高,对床上用品的要求已不再局限于保暖、舒适等原有的基本特性。根据不同的用途,部分床上用品还具有一定的保健、防护等特殊功能,如透气、排汗、抗菌、防螨、吸湿、防油、防水等,竹纤维等新型面料也被更多地应用到套件等产品中。

床上用品生产企业在注重产品健康和功能的同时也非常注重践行绿色发展理念,如引入绿色生产工艺,注重绿色环保纤维的使用等。

4. 网络销售规模将继续扩大

这次严重的疫情危机,在很多方面对零售业的发展变化起到了催化的作用,其中零售市场份额逐步向网络转移是其重要方面,从目前形势和未来发展看,这一趋势仍将延续,其原因主要是实体店客流稀少的压力促使网上开店企业越来越多,此外疫情以来网购人数也在增加,使得网络市场规模不断增长。但是目前网上床上用品销售仍主要集中在中低端市场,网络市场的扩大主要带动的是中低端市场规模的扩大。

5. 实体商店更加注重向品质、品牌及附加服务转变

面对网络店铺的竞争,实体店要想争取市场份额,就要和网络形成差异化的竞

争，提供高品质的产品、服务和购物体验，尤其是要迎合新世代消费主力人群的消费需求。当前我国年轻人对床上用品的消费逐渐从数量向质量转化，人们更愿意买得少而精，对产品的品质要求显著提高，选购时更加关注产品品牌。此外，他们还更加看重售后服务及附加价值，如是否提供对被子的养护服务，是否能提供特殊定制以体现消费者独特的身份价值，产品的附加服务越来越受到消费者的喜爱。

五、2021年我国主要商品消费市场运行情况——化妆品市场

（一）2021年化妆品市场整体运行情况

2021年，我国在以习近平同志为核心的党中央坚强领导下，科学统筹疫情防控和经济社会发展，消费市场总体保持恢复态势，市场销售规模持续扩大，消费结构优化升级。其中，作为升级类消费需求典型代表的化妆品市场全年实现平稳较快增长，传统实体渠道优势品牌基本稳定，市场集中度提升，部分国货品牌在线上销售渠道表现优异，彩妆市场不断有新品牌、新产品入局竞争。

1. 限上单位化妆品类商品同比增长14.0%

2021年，限额以上单位化妆品类商品零售额累计实现4026亿元，同比增长14.0%，两年平均增长11.7%，增速高于整体商品销售增速1.2个百分点，高于社会消费品零售总额增速1.5个百分点。

自2017年至2021年的近五年时间里，限额以上单位化妆品类零售额增速持续明显高于整体商品，这也反映出国内消费升级需求的韧性。

2. 全国重点大型零售企业化妆品类零售额同比增长7.0%

2021年，限额以上零售业单位中，百货店零售额比上年同比增长11.7%，实现平稳较快增长。同时，中华全国商业信息中心统计的全国重点大型零售企业（以百货业态为主）2021年全年总零售额也实现了9.4%的平稳较快增长，其中，化妆品类零售额同比增长7.0%，增速相比上年提升了15.7个百分点。

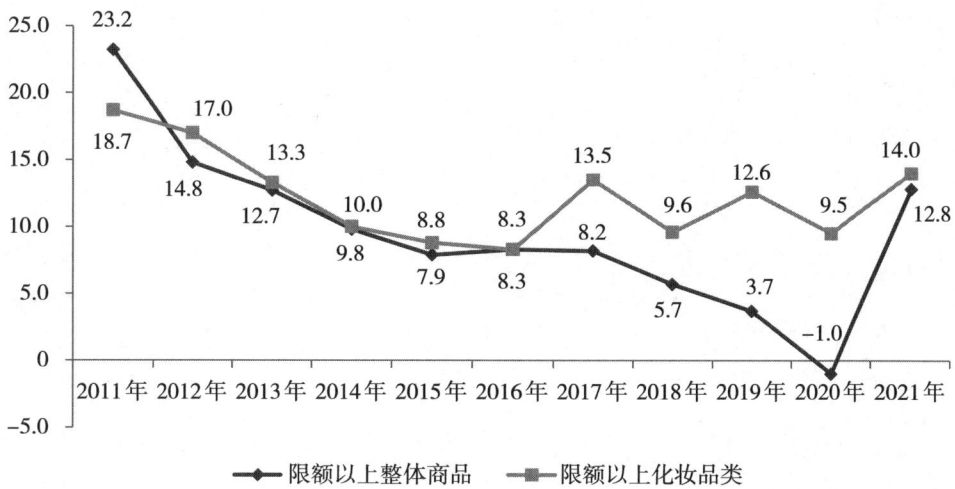

图 2-37　2011—2021 年限额以上单位整体商品及化妆品类零售额增速（%）

数据来源：国家统计局。

从全年走势情况来看，全国重点大型零售企业化妆品类第一季度大幅下降，第二季度降为个位数增长，下半年 7 月至 12 月零售额均表现为同比下降。

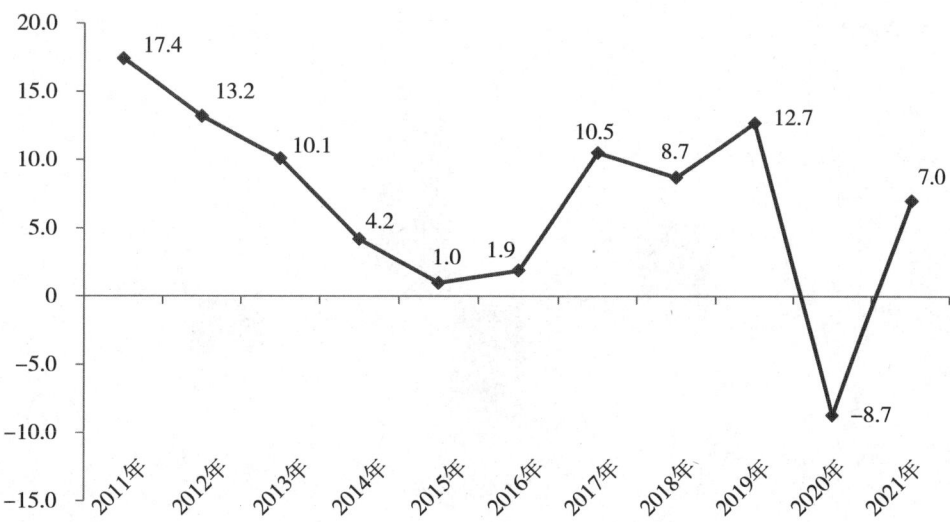

图 2-38　2011—2021 年全国重点大型零售企业化妆品类零售额增速（%）

数据来源：中华全国商业信息中心。

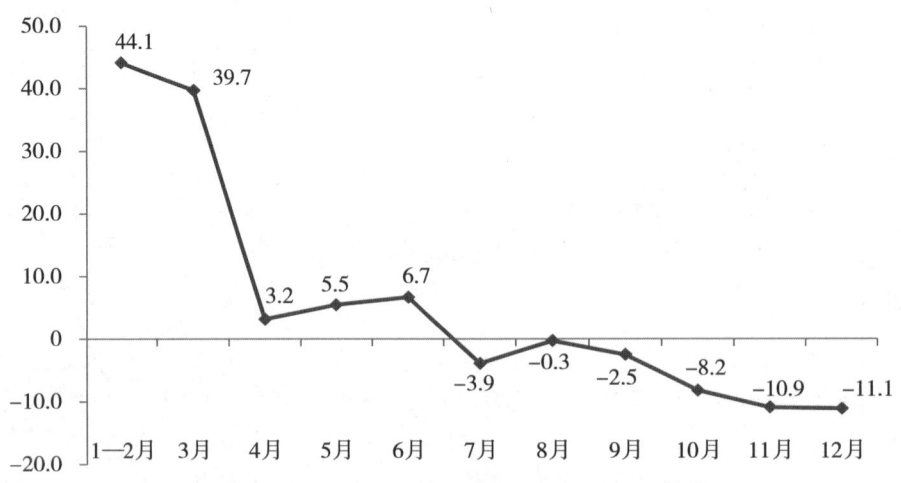

图 2-39　2021 年全国重点大型零售企业化妆品月度零售额增速（%）

数据来源：中华全国商业信息中心。

3. 全国重点大型零售企业美容护肤品市场增长迅速

受同比低基数影响，2021 年全国重点大型零售企业美容彩妆品类实现了 16.8% 的同比较快增长，护肤品和香水类市场也分别实现了 7.4% 和 1.7% 的同比正增长。与上年相比，美容彩妆品类增速提升了近 28 个百分点，护肤品和香水类增速分别提升 7.5 个和 6.6 个百分点。

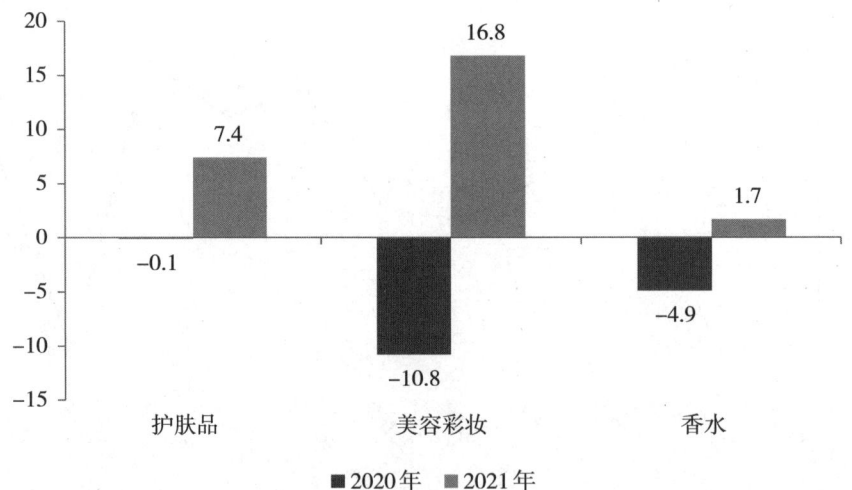

图 2-40　2020—2021 年全国重点大型零售企业主要化妆品品类增长情况（%）

数据来源：中华全国商业信息中心。

从全年月度情况来看，主要化妆品品类市场增速同样是前高后低，美容彩妆品类零售额增速大部分月份高于其他品类。

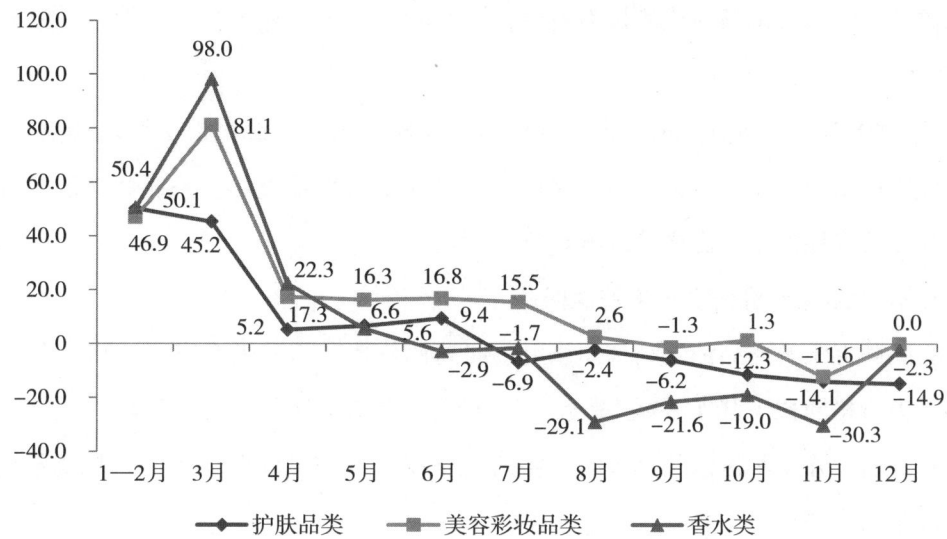

图 2-41　2021 年全国重点大型零售企业主要化妆品品类月度零售额增速（%）

数据来源：中华全国商业信息中心。

4. 一线城市化妆品市场显著好于二、三线城市

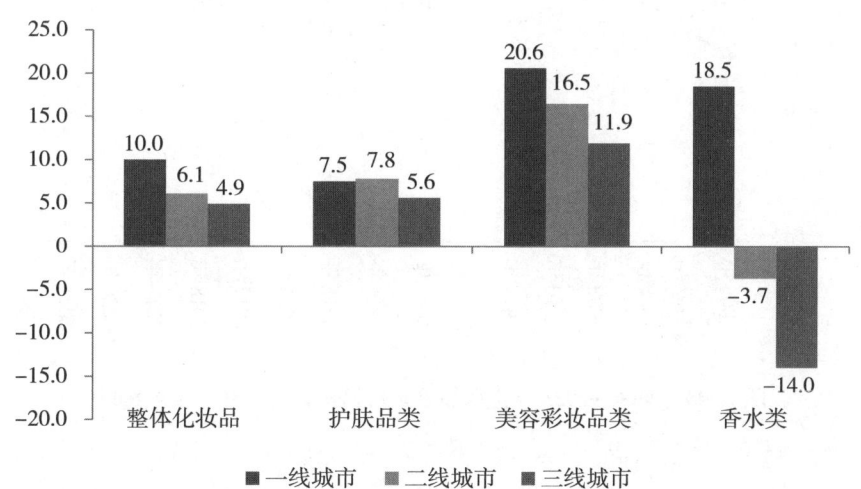

图 2-42　2021 年全国重点大型零售企业化妆品不同城市市场增长情况（%）

数据来源：中华全国商业信息中心。

2021年，我国化妆品一线城市市场表现明显好于二、三线城市市场，整体市场增速分别比二、三线城市高出3.9个和5.1个百分点。其中，主要化妆品品类中，香水类在一线城市市场的优势最为突出，零售额增速分别超过二、三线城市20多个和30多个百分点。

从2021年全国重点大型零售企业整体零售额来看，一线城市市场增速高于二、三线城市市场的特点也非常突出，这种情况可能受到就地过年、一线城市统筹疫情防控和经济发展的水平更高等因素影响。

5. 化妆品零售价格多年来首次回落

受品牌促销及商品消费结构向线上、向高性价比转移等因素影响，2021年化妆品类零售价格同比下降1.3%，是近十五年以来年度零售价格首次下降。从全年价格走势来看，除1月份以外其余月份零售价格指数均在100以下运行，且全年呈现出缓慢走低态势。

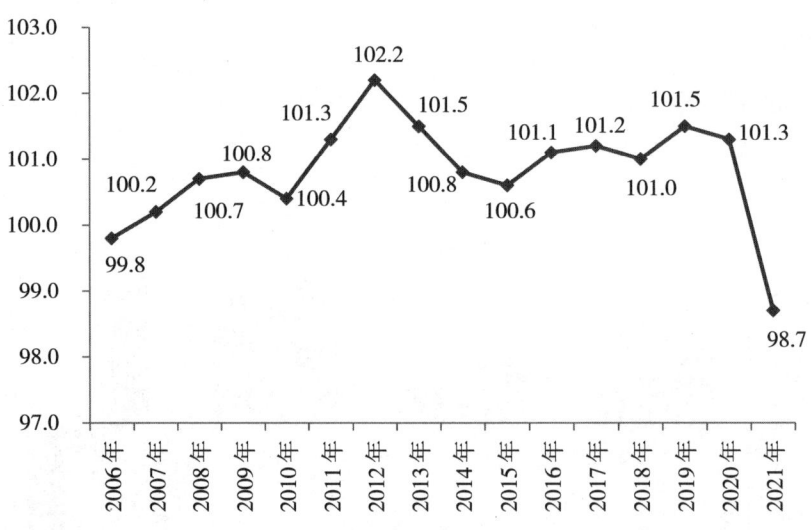

图 2-43　2006—2021年化妆品零售价格指数（上年同期＝100）

数据来源：国家统计局。

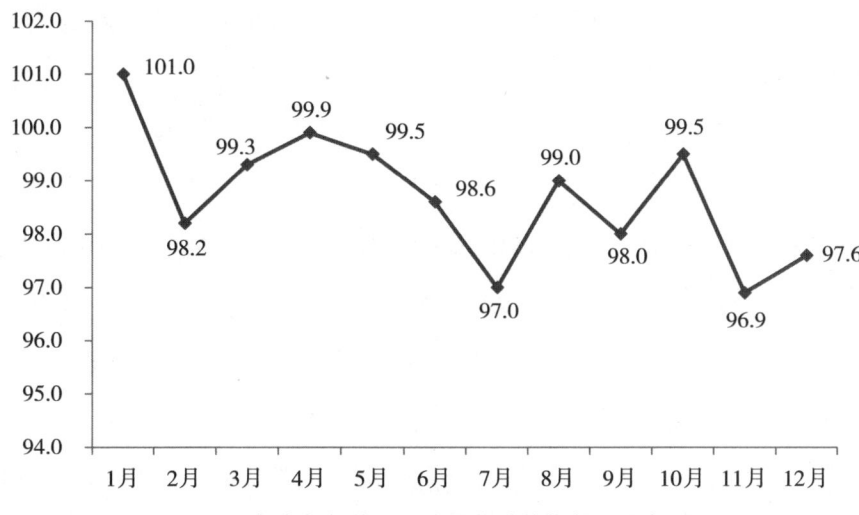

图 2-44　2021 年全年化妆品月度零售价格指数（上年同月＝100）

数据来源：国家统计局。

（二）2021 年全国重点大型零售企业化妆品市场优势品牌情况分析

1. 市场集中度在上年提升的基础上持续提升

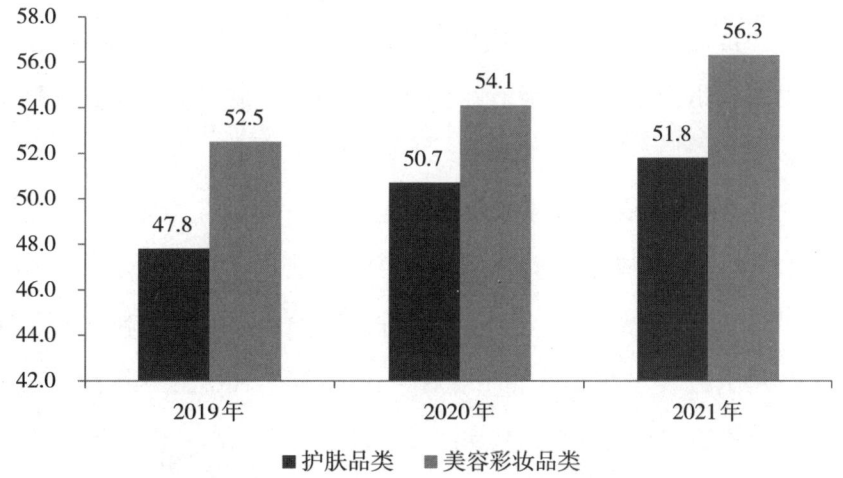

图 2-45　2019—2021 年化妆品市场集中度情况[①]

数据来源：中华全国商业信息中心。

---

① 以排名前 20 的品牌市场占有率的和代表市场集中度情况。

根据中华全国商业信息中心对全国重点大型零售企业优势品牌的监测数据，2021年我国护肤品类市场集中度相比上年提升了1.1个百分点，美容彩妆品类市场集中度提升了2.2个百分点。

2. 市场前十品牌基本稳定

2021年，根据对全国重点大型零售企业的监测统计，护肤品市场中综合占有率前十的品牌跟上年保持一致，仅个别品牌排名有轻微浮动。11名到20名品牌中，娇韵诗表现突出，由上年的第19位上升为第14位，市场综合占有率提升了0.32个百分点；赫莲娜、百雀羚和雪花秀则是新进入前20榜单的品牌。

美容彩妆品市场中，前十品牌同样表现稳定，排名第18至第20的植村秀、SK-II和毛戈平是今年新进入前20榜单的品牌，市场综合占有率也均在1%以上。

（三）2021年化妆品市场主要特点

1. "高营销"特点仍然突出

化妆品市场成熟度高，竞争激烈，作为大众消费品品牌效应突出，以高投入销售费用提升品牌知名度、推动销售规模的增长一直是化妆品行业选择的经常性策略。2021年，从化妆品行业上市公司披露的前三季度财报数据来看，水羊股份、珀莱雅、贝泰妮等销售费用同比增长三成到五成，销售费用占比均在40%以上。此外，消费者活动的圈层化、碎片化，网络流量的去中心化，也使得企业新的营销方式尝试增多。

2. 新品牌、新产品入局彩妆市场

"品牌终将老去，而消费者永远年轻"，在行业成本上升，整体社会环境面临消费需求不足的背景下，传统日化企业依靠固守旧有的产品或者品牌来抢占市场份额有着客观上的局限性，以"95后""00后"为主的"Z世代"年轻人不迷信权威，追求新潮，对新鲜事物和新品牌的兴趣浓厚，接受能力更高，而且与"70后""80后"相比，从小接触彩妆，对彩妆的消费倾向更为突出。在过去两年的时间里，珀莱雅凭借新锐彩妆品牌彩棠卖出了好业绩，完美日记通过小红书、花西子通过头部主播李佳琦等电商渠道成功出圈，彩妆市场上一系列亮眼成绩吸引着更多企业入局尝试：立白集团推出彩妆品牌"半月浮生"、拉芳家化收购彩妆品牌"VNK"等。

传统日化企业入局彩妆市场，一方面有利于吸引更多年轻消费群体的目光，另一方面也能够在原有的线下渠道优势基础上进行网络渠道的拓展和加强。

3. 美妆市场中的"流量经济"多数折戟

超级明星、头部主播取得的巨大成功让大家越来越意识到"流量"的商业价值，在这种情况下，2021年不少明星、娱乐经纪公司，乃至演出团体都尝试推出自己的化妆品品牌，试图在美妆市场分一杯羹，但大部分商品在推出后要么在市场中未能掀起水花，要么在短期内引起了一定关注，但很快就销声匿迹。化妆品市场作为一个高度成熟的市场，虽然不乏品牌引爆流量获得快速发展的成功范例，但企业良好的运营能力、完善的品牌建设、先进的产品研发能力、系统的渠道管理能力仍是商品成功的根本，最多的流量和最好的营销也要建立在这个根本之上，否则大概率都将是昙花一现。

4. 国货品牌借助新渠道"弯道超车"

欧美、日韩等国家在企业经营、文化宣传、品牌发展等方面具有一定的"先发优势"，使得在我国某些消费品领域如化妆品市场中，外资品牌在很长一段时间内占据市场优势地位，而其对主流线下渠道的垄断进一步巩固了这一优势地位。而最近几年以来，各种新兴网络渠道迅速兴起，渠道多元化，再加上本土化企业反应更快，网络渠道成为国货品牌壮大自己的平台。根据抖音"双十一"实时热卖榜，10月27日0点至11月9日22点，美妆类TOP10品牌分别为雅萌、后、韩后、自然堂、珀莱雅、花西子、韩束、芙清密钥、雪花秀、米蓓尔，其中，国货品牌占据7个席位。与此同时，外资机构对国内新兴"国潮"公司的关注度迅速升温，或通过深入调研的方式加强学习，或尝试兼并国潮品牌以拓展其线上渠道。

（四）化妆品市场未来发展趋势

1. 化妆品市场消费仍具有增长韧性

截止到2021年底，新冠肺炎疫情已经持续了两年的时间，客观上对经济发展、人民生活和收入都造成了一定的冲击，再加上国际形势复杂，全球产业链供应链循环不畅，大宗商品和上游成本明显上扬，2022年我国经济发展和国内消费都将承受一定的压力。从化妆品品类消费市场来看，预计未来几年时间仍将保持一定的增长：

①按照发展惯性化妆品市场将保持平稳较快增长；②"Z世代"逐渐站上历史舞台成为消费主流，其求美惯性和消费习惯养成，将助力化妆品市场继续增长。

2. 儿童化妆品在强监管下逐渐步入规范发展

近些年来，美妆行业发展迅速，各类视频、网站等媒体宣传种草"颜值追求"，再加上网民大幅低龄化，儿童演出和参加活动常态化，推动社会从爱美之心人皆有之向"颜值经济"从娃娃抓起，各种儿童化妆品兴起。虽然该细分市场近两年快速增长，但不管从行业标准、市场规模、品牌建设，还是从消费成熟度来看，儿童化妆品市场显然还处于起步阶段。

虽然未来化妆品低龄化是一个不可逆的现象，但是儿童免疫力相对成人更低，皮肤也更为敏感，化妆品需要更严格的标准，2021年4月我国有关部门发布的《化妆品安全评估技术导则》中特别提出了儿童化妆品评估要求，强调在进行儿童化妆品评估时，在危害识别、暴露量计算等方面，应结合儿童生理特点。

3. 市场不断推出新的产品功效成分

在化妆品市场，消费者一直追求护肤的具体功效，如美白、延缓衰老、保湿、淡斑去纹、去除黑眼圈等，如今，消费者逐步将化妆品的产品成分和功效挂钩，玻尿酸、氨基酸、烟酰胺、视黄醇、维生素C、虾青素等化学成分在购物网站上的搜索热度居高不下，产品成分成为消费者购买化妆品时重要的考虑因素，根据艾媒咨询2021年相关调查数据，有53.9%的消费者在购买时会考虑产品成分因素。

化妆品品牌不断探索和运用新的产品成分，首先是产品研发下产生的客观结果，其次新概念的打造有利于吸引消费者，形成化妆品市场新的增长点。

4. 纯净美妆受到更多消费者关注成为焦点

首先，极简主义日益成为年轻人接受和追求的价值观与生活方式，注重天然有机，关注精简绿色，在成分上秉持"less is more"的理念。其次，"80后""90后"消费者成长于经济快速发展、物质充足的时代背景下，社会责任感强，人文观念浓厚，对关爱环境、保护地球具有使命感，因此对产品的环境友好具有高要求，在碳中和、碳达峰的全球性要求下，对绿色环保的敏感性进一步提升。纯净美妆一般被认为是指成分无害零添加、环境亲善零伤害、动物亲善零残忍、可持续环保零浪费的产品，因其高度契合了年轻消费者的理念，在国内迅速流行开来，一些纯净美妆新品牌也加速进入我国市场，如宝洁旗下的 Snowberry、雅萌旗下的 Only Minerals、Drunk Elephant、Cosrx、Celvoke 等。

5. 产品形态不断创新，满足消费者更高和不同场合需求

消费者需求越来越多样化，化妆品产品形态和外延也将不断丰富，如膜液分离包装的面膜、外出场景每日分装便捷携带的护肤产品等，未来将有更多产品进一步与医美手术、美容仪器等手段相结合使用。能够切实提高消费者体验、解决消费痛点的创新也将得到消费者的积极反馈。此外，个性化定制化妆品也将继续发展，借助数字技术的大幅提升，消费者有望实现定制专属于自己的化妆产品。

六、2021 年我国主要商品消费市场运行情况——洗涤用品市场

（一）2021 年我国洗涤品市场整体运行情况

1. 全国重点大型零售企业洗涤用品类零售额同比下降 3.5%

中华全国商业信息中心数据显示，2021 年全国重点大型零售企业销售中，洗涤用品类零售额同比下降 3.5%，降幅相比上年收窄了 3.5 个百分点。近两年在新冠肺炎疫情的侵袭下，整体洗涤用品市场销售良好，全国重点大型零售企业（以传统百货商场为主）洗涤用品类销售情况一般，主要是受到渠道影响：①总体来说近两年百货业态增长不及电商、超市及便利店；②洗涤用品作为客单价较低、消费频次高的刚需商品，标准化程度非常高，产品细分及升级需求的空间不大，不是百货商场渠道销售的优势品类，被其他渠道分流程度更高。

根据星图数据发布的相关分析，仅 2021 年"双十一"线上 B2C 平台（不含淘宝）清洁洗护类商品①销售额就高达 114 亿元，在全网各品类销售中表现突出。

2. 全年月度销售波动较大

从全年的销售情况来看，全国重点大型零售企业洗涤用品类月度增速起伏波动较大，8、9 月由于同比低基数月度增长水平较高，11 月受购物节线上、线下全渠道

---

① 除洗涤用品外，还包含了纸品湿巾类。

联动、品牌让利促销拉动，也实现了5.1%的同比增长。此外，月度增速也一定程度上受到疫情散发的分布性影响。

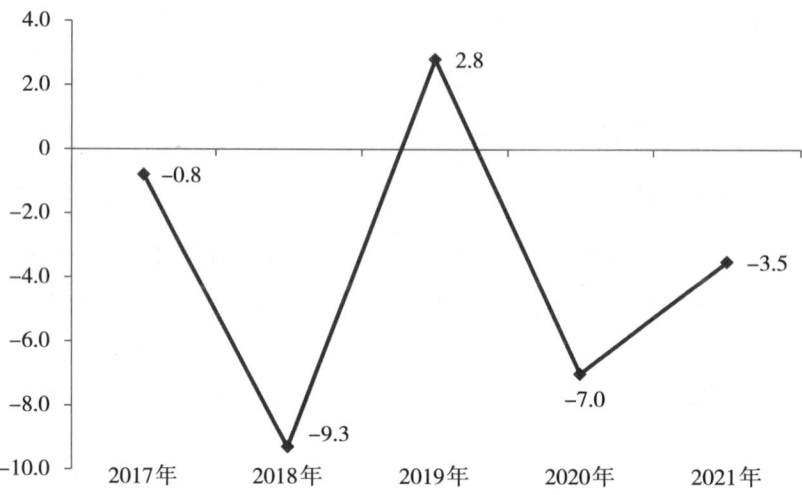

图 2-46　2017—2021 年全国重点大型零售企业洗涤用品类零售额增速（%）

数据来源：中华全国商业信息中心。

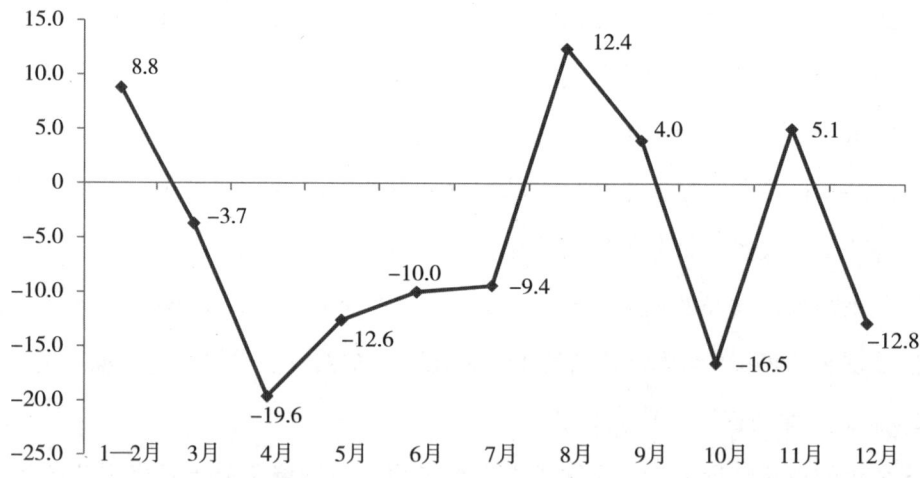

图 2-47　2021 年全国重点大型零售企业洗涤用品类月度零售额增速（%）

数据来源：中华全国商业信息中心。

3. 合成洗衣粉和洗衣液全年零售额实现同比正增长

国内洗涤用品的发展路径基本跟国外保持一致，洗衣领域随着洗衣机的普及和合成洗涤剂配方技术的发展，由最早的洗衣皂到洗衣粉，然后是性能和便利性更好的洗衣液、洗衣凝珠等。产品升级换代的水平跟消费水平密切相关，一、二线城市及华东地区等人均洗涤剂的消费量更高，消费迭代的速度也更快。

2021年，全国重点大型零售企业合成洗衣粉和洗衣液零售额均实现同比正增长，增速分别为2.1%和0.1%。香皂和牙膏零售额则分别同比下降6.4%和2.7%。

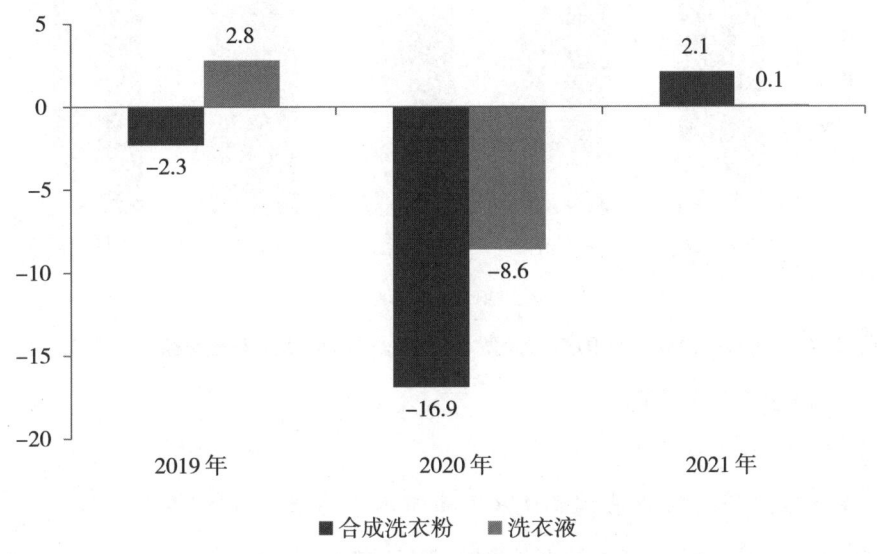

图 2-48　2019—2021 年合成洗衣粉和洗衣液零售额增速（%）

数据来源：中华全国商业信息中心。

4. 多数洗涤用品品类市场集中度下降

近两年洗涤用品类在全国重点大型零售企业渠道中的销售连续下降，市场存量竞争，市场集中度有所下降，同时优势品牌间的差距缩小，竞争进一步激化。

根据计算，2021年全国重点大型零售企业合成洗衣粉、洗衣液、香皂、洗发护发品市场集中度相比上年分别下降了0.6、2.6、1.1和0.3个百分点，清洁洗涤剂上涨了0.4个百分点。

虽然市场集中度有所下降，但从品牌情况来看，多数细分市场中的优势本土品牌表现突出，市场份额稳固，有着良好的发展势头。以蓝月亮为例，2021年其在洗衣液市场中仍是占有率唯一超过10%的品牌，且在清洁洗涤剂、整体洗涤市场中的份额也保持稳定。此外，牙膏市场中的云南白药2021年市场份额也有所提升。

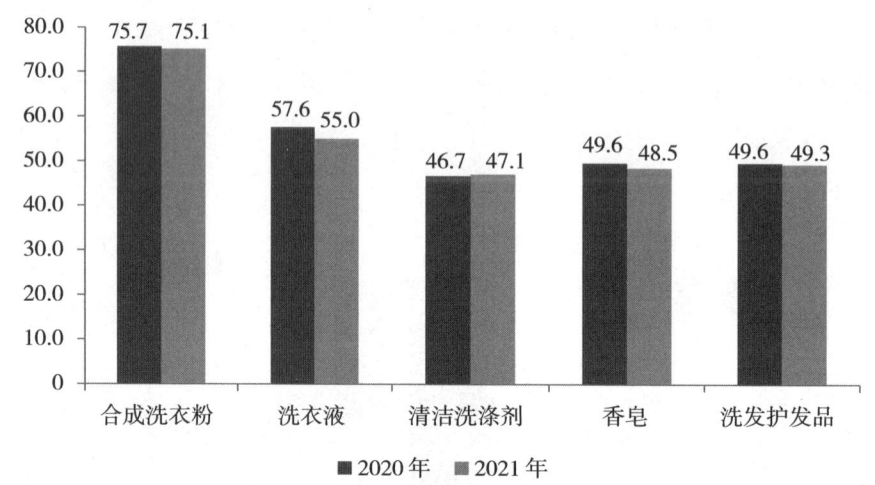

图2-49　2020—2021年全国重点大型零售企业洗涤用品前十品牌综合占有率（%）
数据来源：中华全国商业信息中心。

（二）重点日化企业在我国各洗涤品类市场中的销售份额①变化

与护肤、彩妆、香水等市场长期被外资品牌占据主流、有利地位的局面不同，清洁洗涤剂市场中以立白、雕牌、奇强、纳爱斯、蓝月亮等为代表的民族洗涤品牌颇具竞争优势。我国洗涤用品市场起步早，市场成熟度和集中度高，市场份额被几家日化企业垄断，优势集团企业地位基本平稳，但每年在国内市场中仍有分化表现。

1. 洗涤用品整体市场

洗涤用品各品类市场虽然集中程度均比较高，但不同品类市场中各有其优势品牌，这就使得整体洗涤用品市场集中度不高。根据对全国重点大型零售企业的监测统计，2021年宝洁以8.7%的综合占有率领跑市场，其次是纳爱斯，市场份额为6.4%。

---

① 此章节仅选取该类市场中销售排名前二十品牌作为研究分析对象。

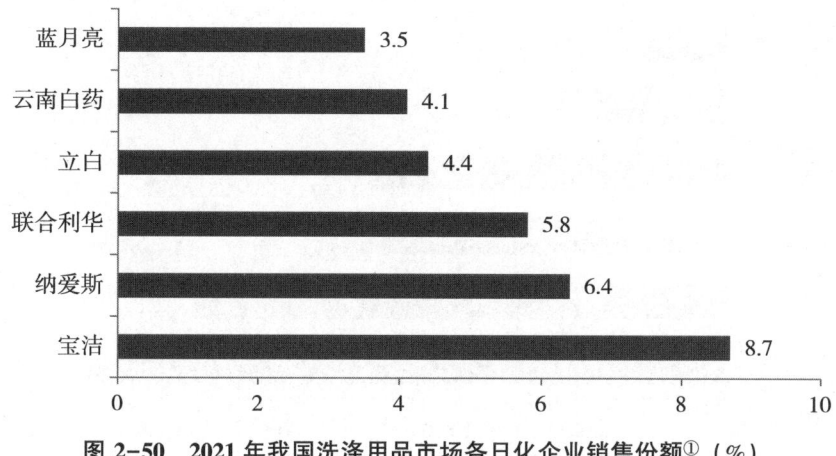

图 2-50　2021 年我国洗涤用品市场各日化企业销售份额① （%）

2. 合成洗衣粉市场

2021 年合成洗衣粉市场中份额排名前 6 位企业分别为宝洁、纳爱斯、立白、联合利华、上海白猫和南风日化。其中，联合利华市场份额相比上年提升了 0.37 个百分点，上海白猫、南风日化与上年基本持平，排名前 3 的日化企业市场份额均有所下降。此外，上年排名第七的洛娃集团市场综合占有率及排名也有所回落。

从排名前 20 的品牌情况来看，绿伞和浪奇表现非常突出，排名从上年的不在前 20 上升为 2021 年的第 14 和第 15，市场综合占有率也有显著提升。

3. 清洁洗涤剂市场

2020 年，纳爱斯仍然是我国清洁洗涤剂市场中销售份额最大的企业，其市场份额超过 10%，其次是联合利华和立白。排名靠前的日化企业中，受威猛先生品牌拉动，庄臣市场份额相比上年提升了 0.61 个百分点；受滴露品牌拉动，利洁时市场份额相比上年提升了 0.20 个百分点。

4. 香皂市场

2021 年香皂市场中，宝洁凭借舒肤佳、玉兰油和汰渍等品牌的优势依然突出，其市场份额领先联合利华 10 个百分点以上，但二者的差距相比上年缩小了 3.16 个百分点。其余榜单中，除利洁时以外均为我国国内企业。

---

① 2021 年洗涤用品市场前 20 品牌市场销售份额合计为 46.22%。

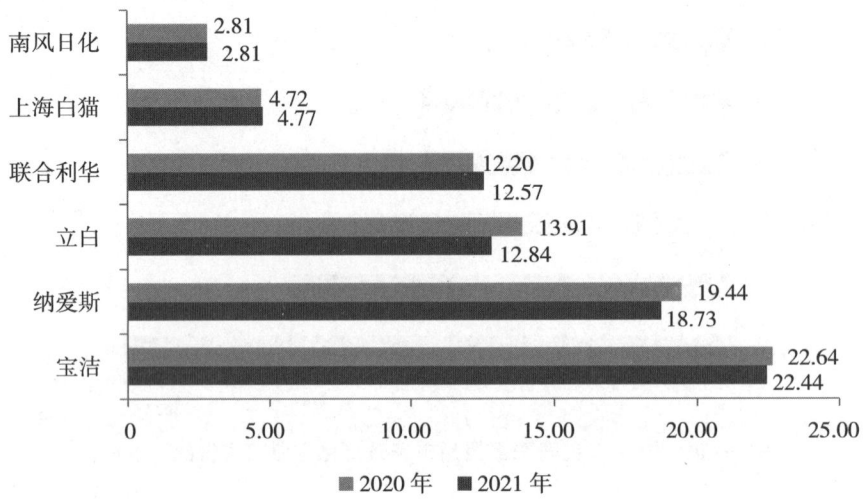

图 2-51　近两年我国合成洗衣粉市场中各日化企业销售份额① (%)

数据来源：中华全国商业信息中心。

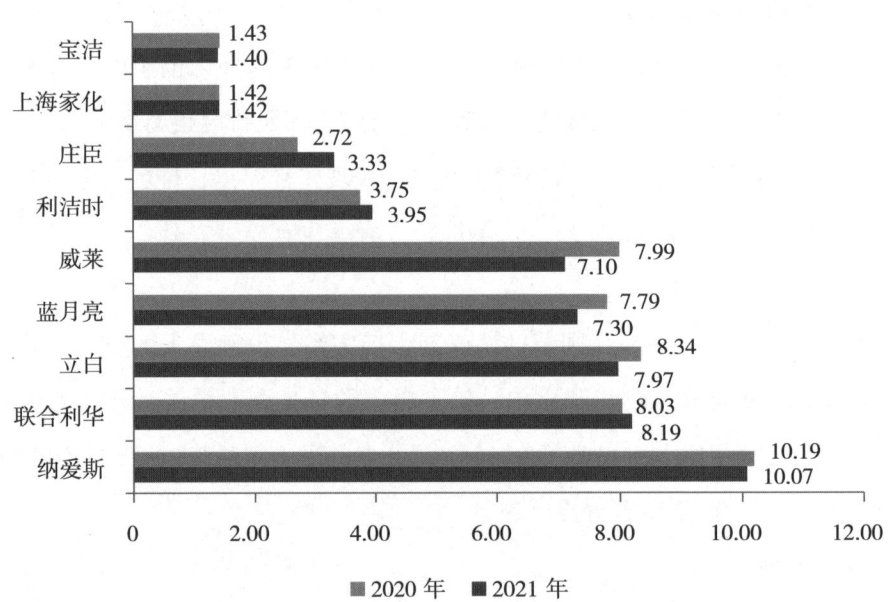

图 2-52　近两年我国清洁洗涤剂市场中各日化企业销售份额② (%)

数据来源：中华全国商业信息中心。

---

① 2021 年合成洗衣粉市场前 20 品牌市场销售份额合计为 85.10%。
② 2021 年清洁洗涤剂市场前 20 品牌市场销售份额合计为 62.55%。

从排名前 20 的品牌情况来看，香皂市场中表现最突出的品牌是立白，其市场综合占有率提升了 0.77 个百分点，在品牌榜单排名第 5，名次相比上年提升了。

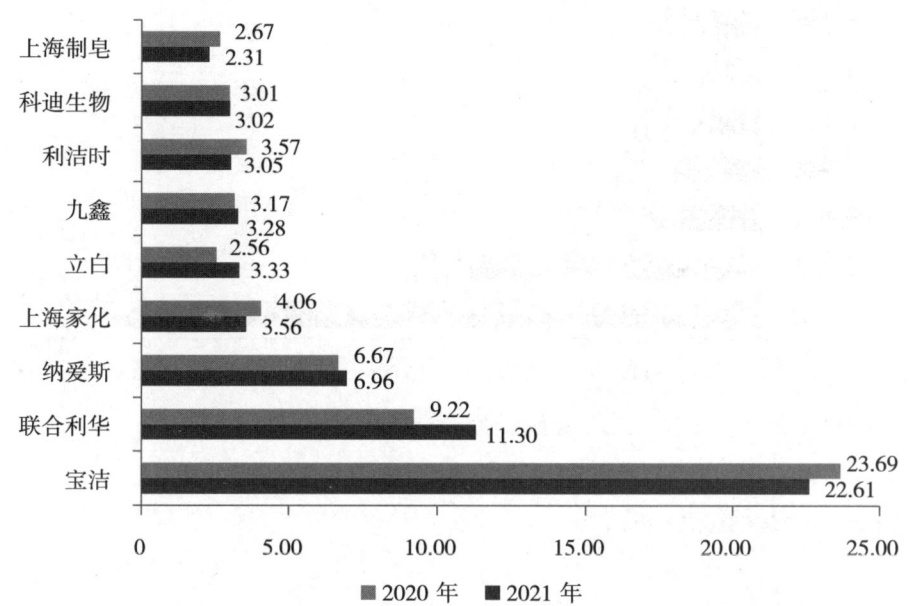

图 2-53　近两年我国香皂市场中各日化企业销售份额[①]（%）

数据来源：中华全国商业信息中心。

5. 洗发护发品市场

2021 年，宝洁和联合利华在洗发护发品市场中优势地位仍然突出，且市场份额相比上年分别提升了 0.84 个和 0.25 个百分点。韩国爱茉莉的市场份额相比上年也略有提升，其余日化企业市场份额均呈现不同程度回落。

从排名前 20 的品牌情况来看，宝洁旗下的潘婷市场综合占有率相比上年提升了 0.44 个百分点，纳爱斯集团的 100 年润发市场综合占有率相比上年提升了 0.24 个百分点，榜单排名也有所上升，是 2021 年洗发护发品市场中表现突出的品牌。

---

① 2021 年香皂市场前 20 品牌市场销售份额合计为 66.04%。

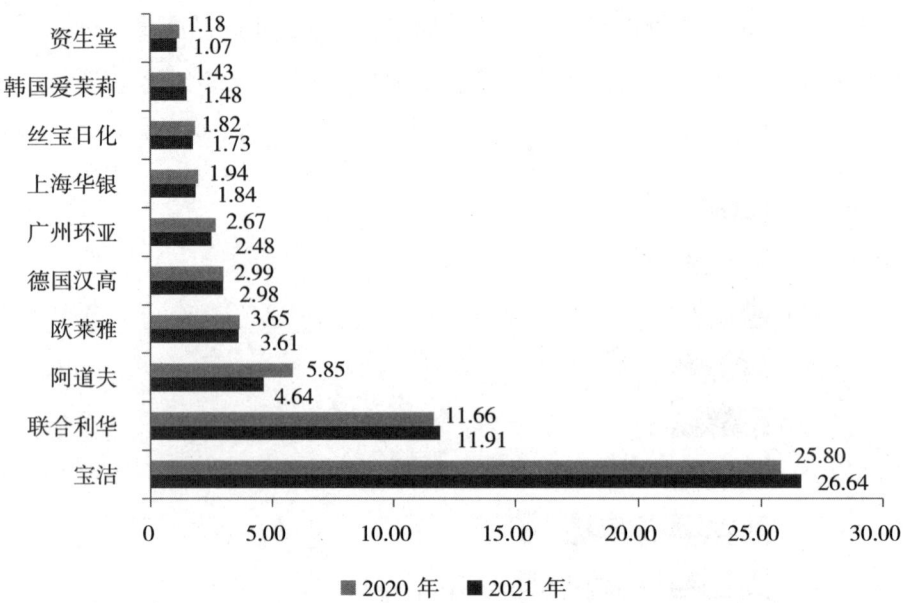

图 2-54　近两年我国洗发护发品市场中各日化企业销售份额①（%）

数据来源：中华全国商业信息中心。

（三）未来我国洗涤用品市场发展趋势

1. 整体洗涤用品市场品牌集中度进一步降低

洗涤用品作为日常基础生活用品，技术含量和升级空间小于化妆品市场，消费者对品牌的忠诚度相对不高，选购随意性更强。未来几年随着整体经济和消费品市场增速的放缓，传统优势洗涤品牌竞争进一步加剧，再加上渠道结构快速转换，国内线上平台流量充分去中心化，跨境电商和海淘代购迅速发展，消费者年轻化个性化获取信息多元化，更多小而美的商品将从不同渠道产生，受到不同圈层消费者的青睐，品牌集中度进一步降低。

2. 草本、植物细分市场中的竞争升级

很长一段时间里面，一些国产洗护品牌依托我国悠久、深厚的中医文化、中草药文化、药食同源文化，在天然植物细分市场占有一定优势，但是近些年以来，在天然有机、回归自然的全球思潮下，无论是国外还是国内品牌都在打造健康、环保、

---

① 2021年洗发护发品市场前20品牌市场销售份额合计为63.22%。

纯天然概念，使得国产草本概念市场不断受到新进入竞品的挤压。未来，围绕这一焦点展开的竞争将更加激烈。

3. 功效性牙膏市场持续增长

随着社会经济水平的发展，人们对牙齿的健康、美观越来越重视，而现代饮食的高糖高脂、生活节奏的加快、精神压力的增大也使得口腔健康问题更为突出，居民对牙膏功效性的需求也就迅速增长。未来，在传统洗护品牌探索和研发更多产品细分功效以外，一些药企也将进入口腔护理领域，更好地解决牙齿敏感、肿痛、出血、异味等健康痛点问题。

4. 消费升级和国潮兴起成为行业发展的主旋律

洗涤用品虽然单品价值较低，却时刻伴随着我们的日常生活，日化企业应有引领现代家庭品质生活风潮，满足消费者更高需求，让消费者在日常外出、家庭生活中收获更多幸福感的意识，坚持洞察用户潜在需要，不断焕新升级产品，持续进行品牌、产品、用户体验的提升，从身心层面减轻消费者体力和心情上的压力，切实带来更为愉悦的生活体验，满足居民对幸福美好生活追求的需要。

国潮是中华文化、文明、自信全方位迅速崛起的一个系统性结果，影响着消费品市场的方方面面，洗涤用品市场中国产品牌本来就站在一个有利位置，再加上近些年行业处于渠道变革期，外资品牌天然具有一些信息、文化壁垒，而民族日化企业拥有更多渠道主动权，在未来的竞争中具备相对优势。

5. 品牌将着力提供情绪价值，在生活方式上寻求消费者共鸣

洗涤用品行业是一个高度成熟的行业，是一个产品无论怎么细分、最终都难逃基本同质化结局的行业，商品琳琅满目，供过于求，在这种情况下，品牌通过情感连接、价值观上的输出占领消费者的心智就变得格外重要。"90后""95后"千禧一代年轻人逐渐占据消费舞台的C位，这代消费者不迷信权威，价格敏感度降低，却有着丰富的情绪宣泄欲、前所未有的个人表达欲，同时站在我们改革开放40余年取得的伟大经济发展成就的基础上，有着探索生活真谛、人生意义的精神需求，这就是这代消费者所拥有的时代共性。品牌把准这个共性，提供情绪价值，提供美好的生活方式方案，就能触达更多消费者的心。

6. 低碳是洗涤用品企业未来可持续发展的必由之路

在碳中和、碳达峰的背景下，向低碳经济转型已经成为世界经济发展的大趋势。西方发达国家从20世纪80年代初就已经开始推进洗涤剂浓缩化和液体化的进程。与发达国家相比，我国生产的洗涤用品普遍存在活性物含量低，非有效成分含量高以及浓缩化、液体化产品比例低等问题。随着全球低碳时代的到来，国内洗涤剂工业也将与国际形势接轨。而且从市场端来看，消费者对洗涤用品液体化、浓缩化、绿色安全、天然环保的要求也将越来越高。

七、2021年我国主要商品消费市场运行情况——家电市场

（一）2021年我国家电市场整体运行情况

1. 家电零售市场增速大幅上升

国家统计局数据显示，2021年限额以上企业家用电器和音像器材类商品零售额同比增长10.0%，相比上年大幅提升13.8个百分点，2013年以来限额以上企业家用电器和音像器材类商品零售额增速不断走低，2020年跌至最低值，同比下降3.8%，2021年在上年低基数的作用下零售额增速显著反弹。

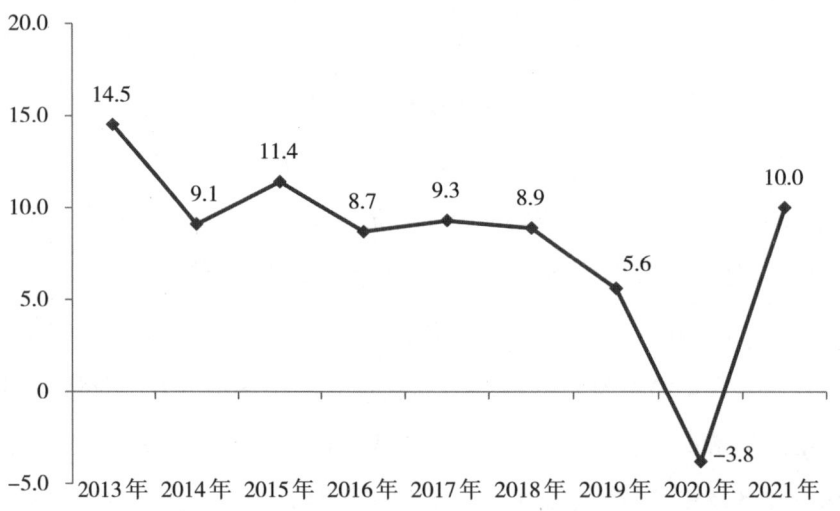

图 2-55　2013—2021年限额以上企业（单位）家用电器和音像器材类商品零售额增速（%）

数据来源：国家统计局。

中华全国商业信息中心的数据也印证了家电零售市场恢复增长的趋势。2021年全国重点大型零售企业家用电器零售额同比增长11.7%，比上年同期大幅提升30.7个百分点。

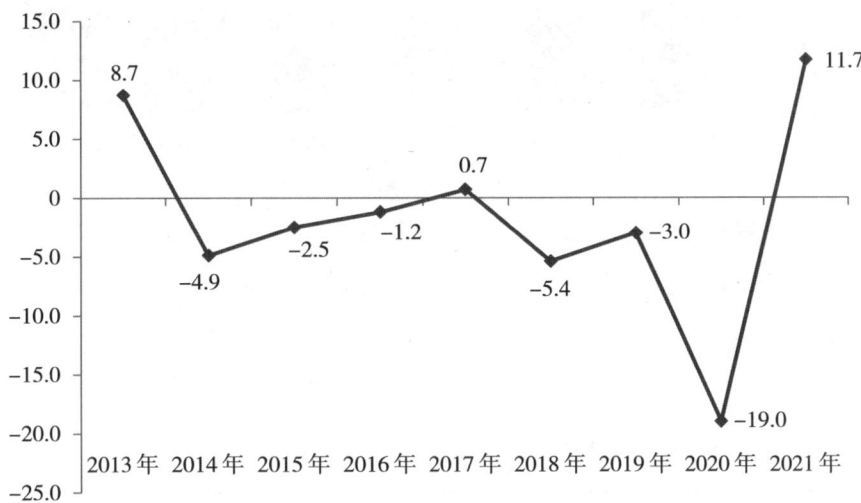

图2-56 2013—2021年全国重点大型零售企业家用电器零售额同比增速（%）

数据来源：中华全国商业信息中心。

2. 产量和出口增速保持较快增长

2021年，我国家电产业规模总体保持了稳定较快增长，其中，房间空调器产量为21835.7万台，同比增长9.4%，较上年提高17.7个百分点；家用洗衣机产量为8618.5万台，同比增长9.5%，较上年提高5.6个百分点；家用电冰箱产量为8992.1万台；彩色电视机产量为18496.5万台，增速相比上年略有放缓。

海关总署统计数据显示，2021年中国主要家用电器（包括电扇、空调、冰箱、洗衣机、吸尘器、微波炉、电视机、液晶电视机等）出口额达到6382.4亿元，比2020年增长14.1%，且这一增速是在上年同比增长24.2%的基础上实现的。分类别看，各类家电出口额均呈现较快的增长态势，其中冰箱出口额同比增长15.1%，微波炉、电视机、液晶电视机出口额也均呈两位数的增长。

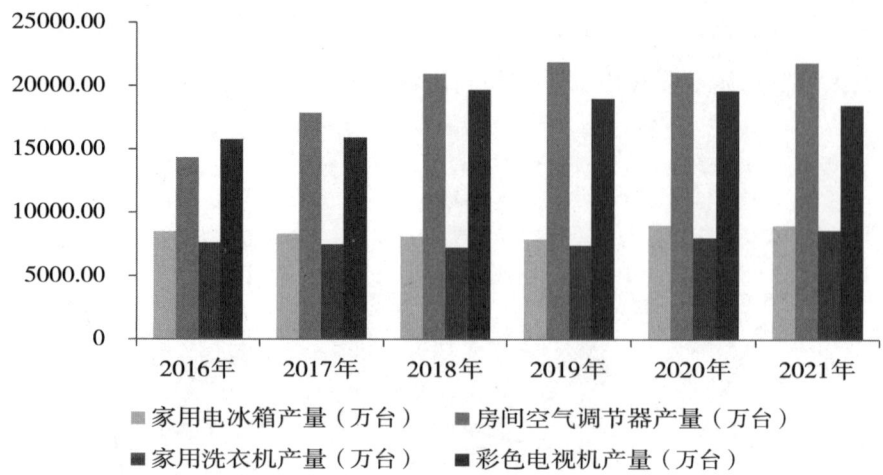

图 2-57 2016—2021 年我国主要家电产品产量（万台）

数据来源：国家统计局。

2021 年我国各类家电出口总额（万元人民币）及同比增速（%）

产品名称	家电出口额（万元人民币）	增速（%）
家用电器	63824316	14.1
电扇	3569325	8.1
空调	5230834	9.3
冰箱	6546264	15.1
洗衣机	2019338	9.0
吸尘器	4315937	8.7
微波炉	2477935	10.4
电视机	10469077	10.0
液晶电视机	10236629	10.0

数据来源：海关总署。

3. 零售价格水平有所上升

2021 年我国家用电器和音像器材类商品零售价格指数扭转了之前几年连续下跌的态势，国家统计局数据显示，2021 年我国家用电器和音像器材类商品零售价格同比增长 1.1%，同去年相比价格水平显著提升 3.1 个百分点。

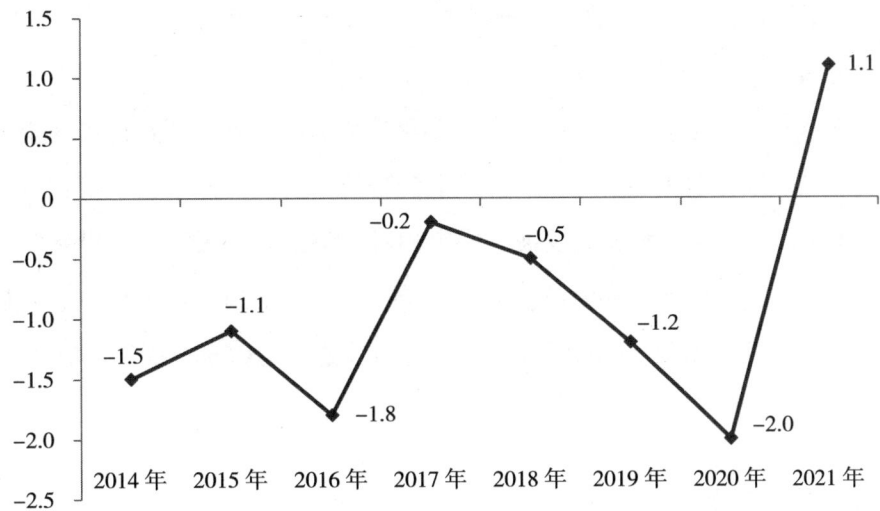

图 2-58 2014—2021 年家用电器和音像器材类商品零售价格水平变动情况（%）

数据来源：国家统计局。

从各月价格走势来看，前三季度我国家用电器和音像器材类商品零售价格指数呈现持续上升态势，第四季度则基本稳定在较高的水平上，可以看出，年末家电零售价格涨幅逐渐趋缓。

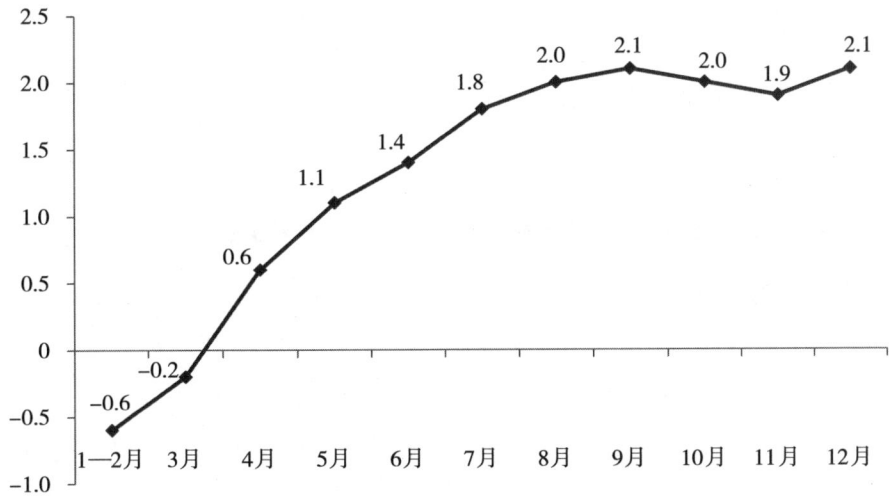

图 2-59 2021 年各月家用电器和音像器材类商品零售价格水平变动情况（%）

数据来源：国家统计局。

（二）大型零售企业主要产品运行情况

1. 彩电零售量增速降幅收窄

近年来彩电消费需求有所萎缩，2021年尽管疫情的影响减弱，但是受全球面板及显示芯片供应整体紧张的影响，使得彩电价格处于高位，同时由于短视频、直播等新业态的兴起以及线上教育的发展，电视相对于手机、平板等电子设备的使用便利性短板更加凸显，导致了彩电销售仍略显低迷。中华全国商业信息中心的数据显示，2021年全国重点大型零售企业彩电零售量同比下降0.5%，降幅相比上年大幅收窄20.3个百分点。

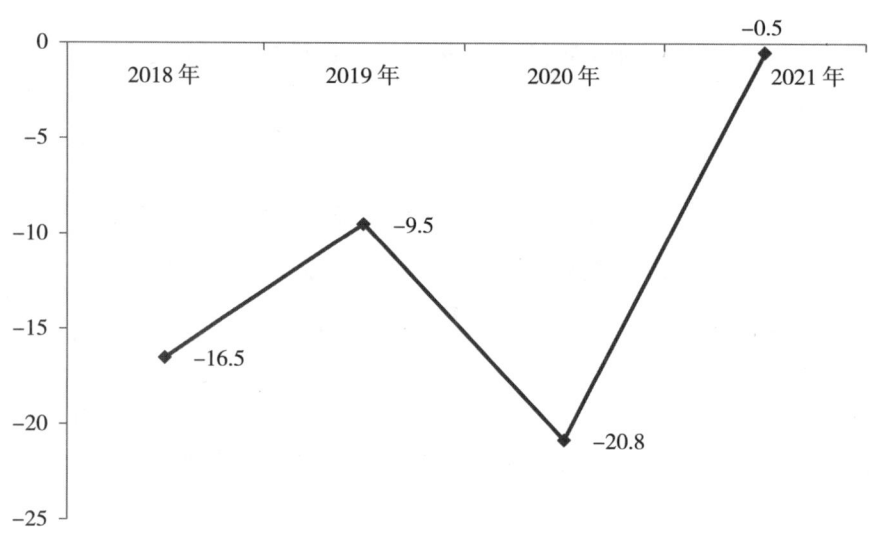

图2-60 2018—2021年全国重点大型零售企业彩电零售量同比增速（%）

数据来源：中华全国商业信息中心。

2. 电冰箱销量增幅略为领先

2021年第一季度全国重点大型零售企业电冰箱零售量大幅增长54.4%，在良好开局的带动下，全年冰箱零售量实现较快增长，2021年全国重点大型零售企业电冰箱零售量同比增长6.0%，相比上年同期提升21.4个百分点。2021年电冰箱销售增长一部分是疫情恢复后的补偿性消费，同时也有一部分是受产品的更新换代需求推动,如将传统的容量小、功能少的二门冰箱更换为大规格、多功能冰箱。2021年电冰箱零售量增速在彩电、冰箱、洗衣机、空调四类大家电销售中居第一位。

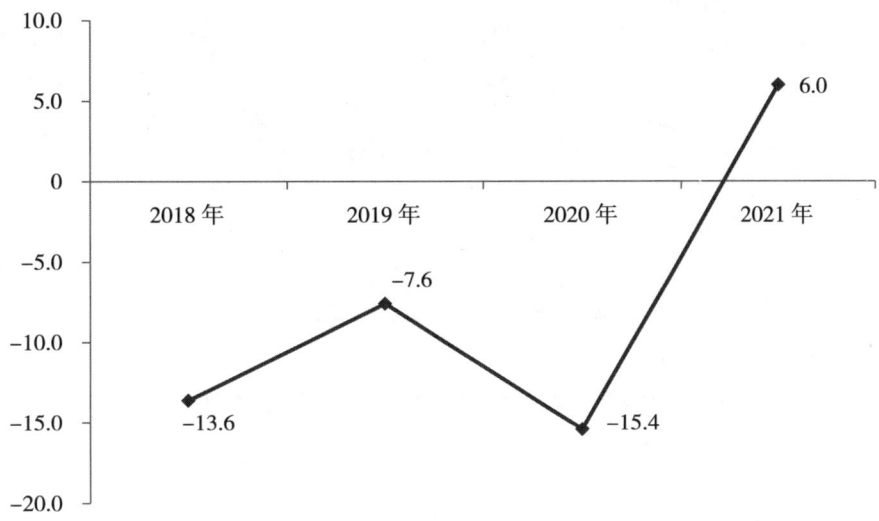

图 2-61　2018—2021 年全国重点大型零售企业电冰箱零售量同比增速（%）

数据来源：中华全国商业信息中心。

3. 洗衣机销售增长有所恢复

2021年年初洗衣机销售有所恢复,但是不同类型的洗衣机销售增长情况有所不同,其中滚筒洗衣机由于技术含量高、外观新颖,一直是企业大力推广的产品,增速快于传统的波轮洗衣机。2021年,全国重点大型零售企业滚筒洗衣机零售量同比增长8.1%,相比上年同期加快29.5个百分点,滚筒洗衣机销售恢复情况好于整体,滚筒洗衣机零售量增速超过整体洗衣机零售量增速4.8个百分点。

4. 空调零售量降幅显著收窄

2021年,全国重点大型零售企业空调零售量同比下降0.5%,降幅为近年来最低,空调销售增长乏力,主要是受近年房地产调控的影响,2021年由于部分受疫情压制的需求在年初得到释放,全年全国重点大型零售企业空调销售降幅显著收窄。

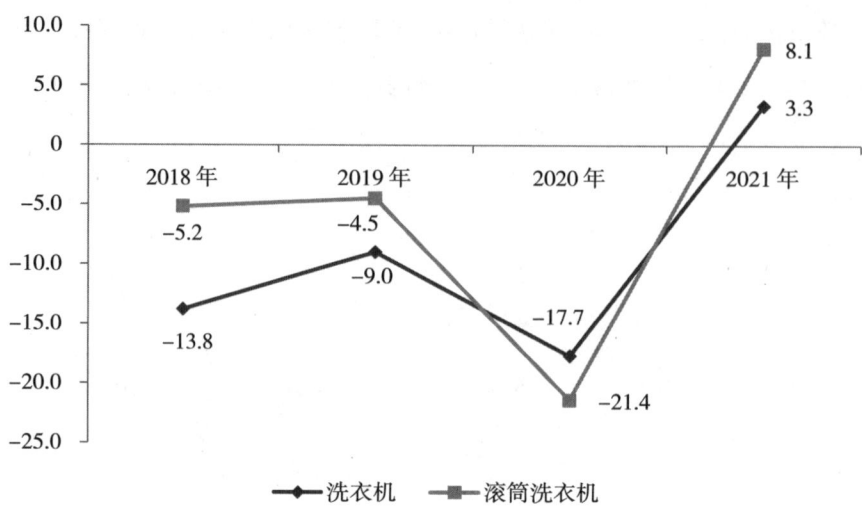

图 2-62　2018—2021 年全国重点大型零售企业洗衣机、滚筒洗衣机零售量同比增速（%）

数据来源：中华全国商业信息中心。

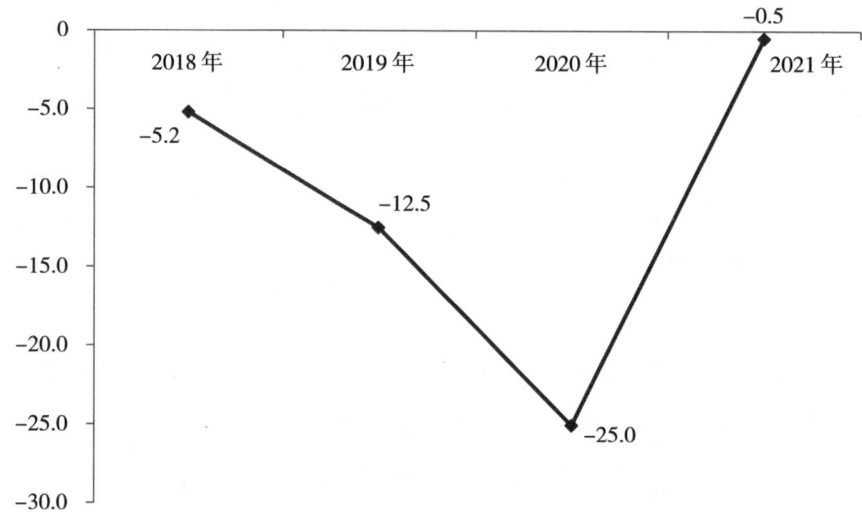

图 2-63　2018—2021 年全国重点大型零售企业空调零售量同比增速（%）

数据来源：中华全国商业信息中心。

5. 多数小家电零售量实现正增长

2021 年，多个品类的小家电零售量呈增长态势，其中微波炉零售量增速领先，同比增长达到 16.9%，增速排名第一。当前我国居民家庭小家电不断普及，销售仍然处于增长阶段。随着收入增加，消费者提高生活品质的诉求不断增强，小家电尤其是厨房小家电、清洁电器、生活电器等细分领域的小家电产品销售状况良好。

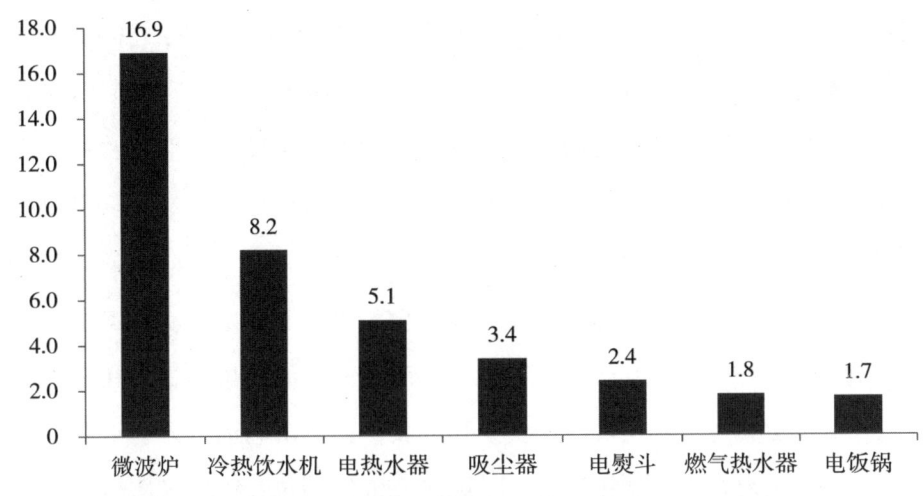

图 2-64　2021 年全国重点大型零售企业小家电零售量同比增速（%）

数据来源：中华全国商业信息中心。

（三）家电消费市场发展趋势

1. 升级换代仍是居民家电消费的主要需求

当前我国居民家电保有量基本饱和，每年新增需求较少，已经步入存量市场，之前通过规模扩张实现快速增长的时代逐步过去。在城市市场，尤其是在一线、二线大型城市，升级换代成为居民家电消费的主要需求，为迎合消费健康、节约、时尚、快速的生活理念，节能环保、多功能、外观个性化、时尚化是家电产品升级的主要方向。

2. 国产品牌竞争力快速提升，有望突围中高端市场

消费者对中国品牌的关注度明显提升，"国货"两个字在消费者心中成为国潮、精致、中国文化的象征，在家电领域，近年在优化供给、培育完善的内需体系的指引下，各大国产家电品牌正在努力加强基础研究和原始创新，取得核心技术、关键技术突破，攻克短板和"卡脖子"技术，未来随着国产家电技术水平、质量的提升

和对鲜明民族特色文化的创新运用，国产家电市场将日益拓展中高端市场份额，不断抢占潜力巨大的市场。

3. 农村市场消费升级趋势明显

农村地区人口众多，近年来随着收入水平的提高，农民的消费能力大大增强，国家统计局数据显示，2021年我国农村居民人均可支配收入18931元，增长10.5%，增速连续12年超过城镇，但由于农村消费观念落后，远离市场中心等原因，农村的消费活力仍有待被充分激发。2021年12月8日，为推动农村居民消费梯次升级，有关部门提出鼓励有条件的地区开展农村家电更新行动，促进农村居民耐用消费品更新换代。

2008年为应对金融危机带来的冲击，我国曾经推出了家电下乡政策，刺激农村消费，并取得了良好的效果。当前，农村家电消费升级的趋势明显，在有条件的地区开展农村家电更新行动将在很大程度上释放农村家电市场消费潜力。家电厂商要面向农村市场，推出在产品功能、质量、规格及价位上与农村地区居民需求能力和使用环境相匹配的产品。

4. 海外市场方兴未艾

数据显示，海外家电规模超过3000亿美元，空间约为中国市场3倍，而国内家电市场由于品牌格局稳定，市场消费趋于饱和。同时，原材料、劳动力等成本不断上涨，行业竞争激烈造成产品迭代速度加快，国内家电市场销售增速有所放缓，出海成为企业盈利增长的重要途径。此外，受疫情影响，全球家电产业链受到冲击，而我国疫情控制较好，生产相对稳定，全球疫情凸显了我国家电供应链的可靠性，产品口碑的海外认可度提升，为中国家电拓展全球市场将会带来新的机遇。随着中国家电行业产业链的健全和成熟，中国家电加速开拓海外市场成了必然之举，我国家电行业有望依托完整、可靠的产业链，领先的智能化、数字化转型优势，进一步提升全球市场影响力。

5. 5G时代，智慧家居将成为现实

5G将给我们的生活带来想象不到的变化，5G是移动信息化的再一次革命，它将进一步使得万物互联，并产生无限的可能性，激发全社会再一次创新和革命，智慧家居将是 5G 时代最有机会实现大力发展的领域之一。目前智慧家居还停留在指纹锁、声音锁、语音点歌之类，进入 5G 时代以后智慧家居将真正实现部分自动化的功能，在智慧家居环境中，远程的控制厨房、卫生间、客厅的家电产品将进一步普及。智能家电会更准确地为我们提供合适的室温、更加适合烹饪的食材、洗澡以及洗涮的温度、更加适合睡眠的光线。国内各大家电品牌和科技企业纷纷在智慧家居领域开展深度合作，智能家居将成为必然的发展趋势。

八、2021 年我国主要商品消费市场运行情况——食品市场

（一）食品消费市场总体运行情况

1. 限额以上企业粮油、食品类保持平稳较快增长

2021 年，我国消费品市场仍然保持较快增长，全年社会消费品零售总额取得了 12.5% 的同比增长。粮油、食品类商品作为生活必需品，销售也保持了平稳较快增长，国家统计局数据显示，2021 年限额以上企业零售额中粮油、食品类商品零售额为 16759 亿元，同比增长 10.8%，略高于上年 0.9 个百分点。

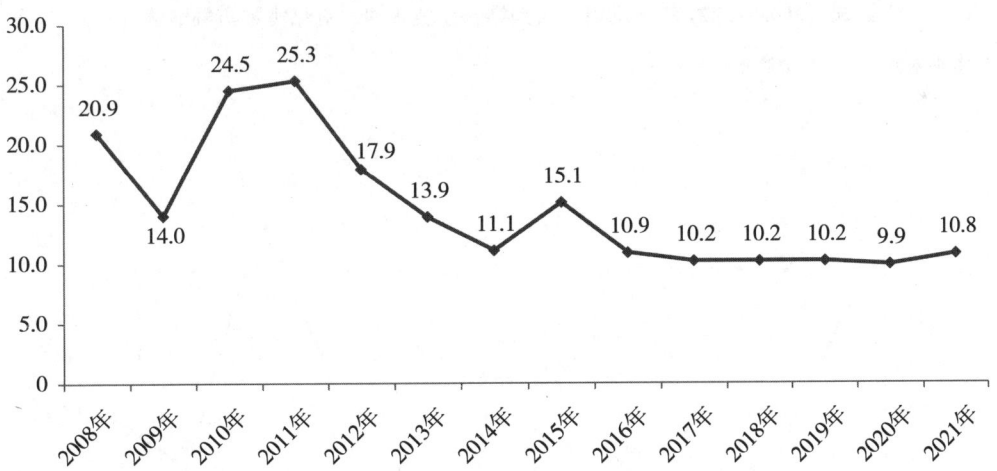

图 2-65　2008—2021 年限额以上企业（单位）粮油、食品类商品零售额同比增速（%）

数据来源：国家统计局。

2. 全国重点大型零售企业粮油、食品类零售额同比继续下降

2021年全国重点大型零售企业粮油、食品类零售额同比下降12.1%，相比上年降幅扩大7.2个百分点，已是连续第二年销售呈现下降趋势。分月来看，全年仅10月零售额增速实现5.8%的同比正增长。近两年全国重点大型零售企业零售额增速不断下降主要是受商场客流减少和新型超市以及电商渠道分流的影响。

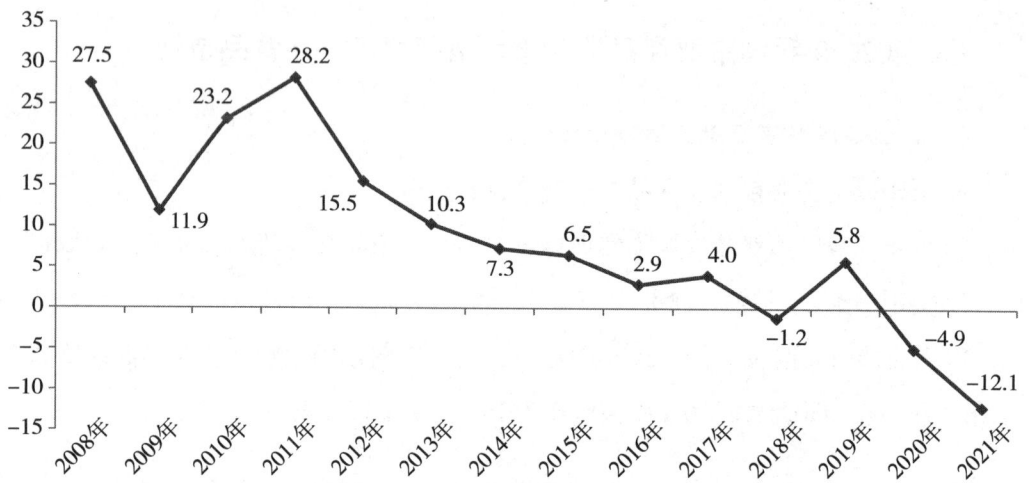

图2-66 2008—2021年全国重点大型零售企业粮油、食品类零售额增速（%）

数据来源：中华全国商业信息中心。

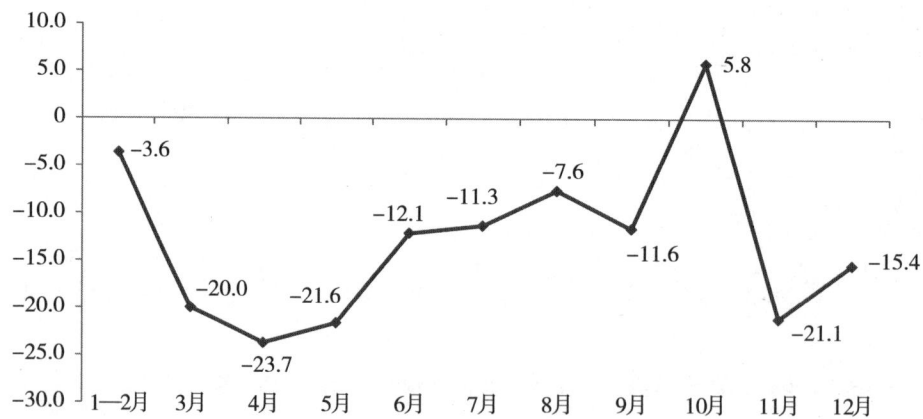

图2-67 2021年全国重点大型零售企业粮油、食品类零售额月度增速（%）

数据来源：中华全国商业信息中心。

3. 网上食品类零售额较快增长

国家统计局数据显示，2021年全国实物商品网上零售额中吃类商品零售额同比增长17.8%，较上年同期回落12.8个百分点。尽管增速有所回落，但是2021年实物商品网上零售额中吃类商品零售额已是连续第四年增速高于穿类和用类零售额增速，总体而言，网上食品销售仍保持了较快的增长势头。

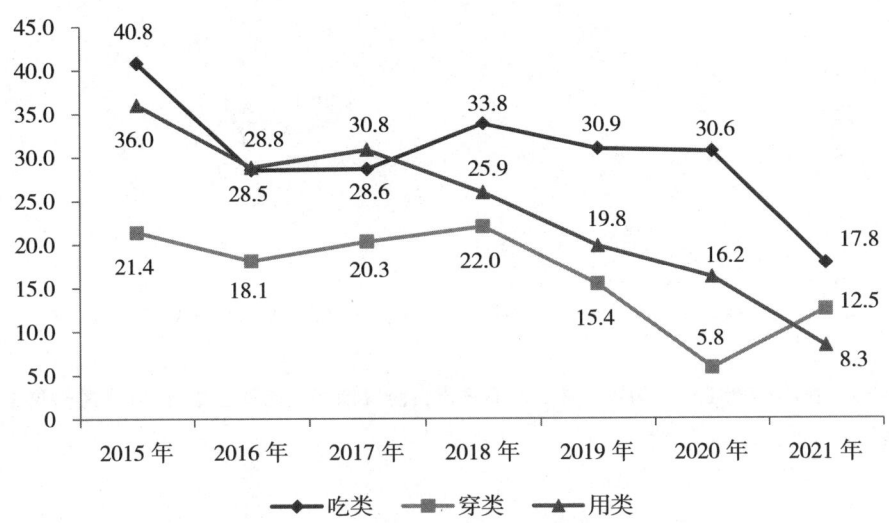

图2-68 2015—2021年全国实物商品网上零售额中吃、穿、用类同比增速（%）

数据来源：国家统计局。

4. 食品烟酒类消费支出占比略有回落

由于生活水平的不断提高，我国居民食品烟酒类支出占全部消费支出的比重（恩格尔系数）呈现不断下降的态势，国家统计局数据显示，恩格尔系数从2013年的31.2%逐年下降至2019年的28.2%，但是2020年恩格尔系数显著上升至30.2%，2021年则回落至29.8%，这主要是受疫情影响居民宅家时间增加，其在食品消费支出上相应有所增加。

5. 居民食品消费价格下降

2021年居民消费价格水平上升0.9%，涨幅回落1.6个百分点，其中，食品消费价格水平下降 1.4%，畜肉类价格水平下降 17.2%，猪肉类价格水平下降 30.3%，猪肉价格大幅下降是导致居民食品消费价格下降的主要原因。

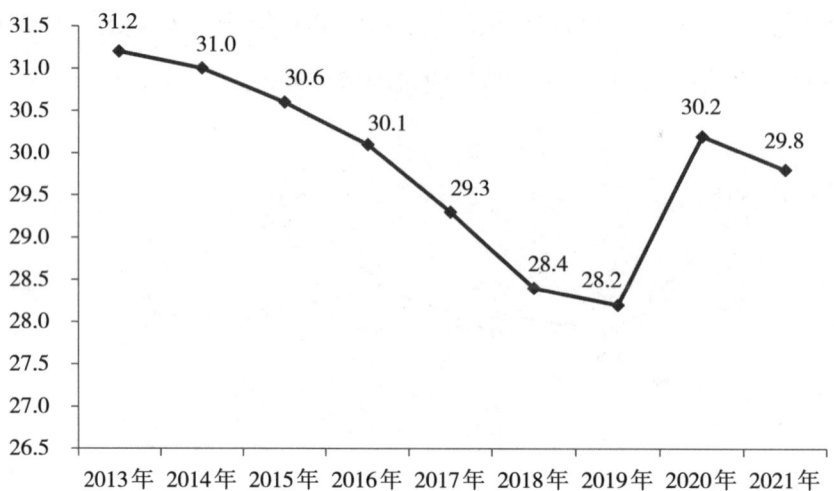

图 2-69　2013—2021 年我国居民食品烟酒支出占全部消费支出的比重（%）（恩格尔系数）

数据来源：国家统计局。

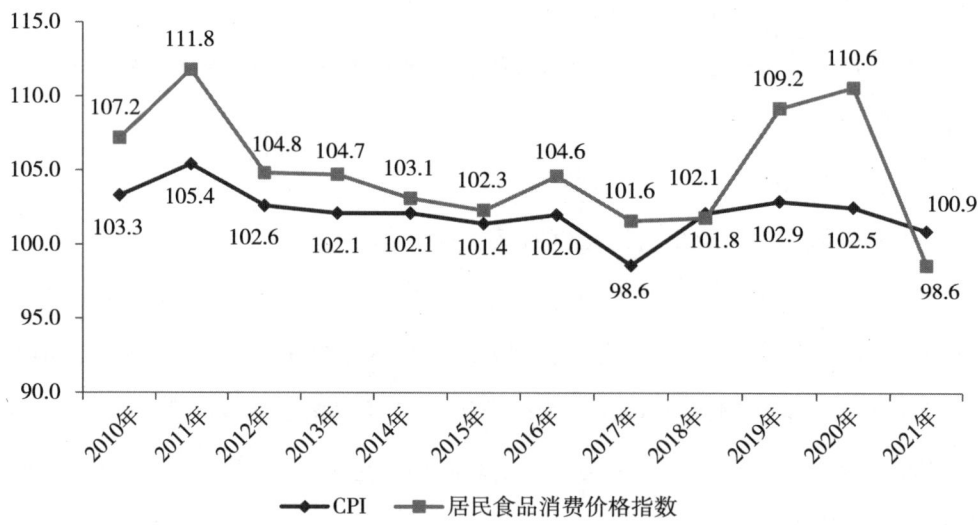

图 2-70　2010—2021 年全国居民消费价格指数和居民食品消费价格指数

数据来源：国家统计局。

从2020年10月开始，猪肉价格连续14个月下跌，猪肉价格的不断下跌除了2020年以来市场上猪肉供过于求的原因外，从消费上来说还有深层次的原因，主要是由于居民对健康更加关注，普通家庭肉类消费习惯逐渐发生改变，少油少脂肪的牛羊肉成为餐桌首选，而餐桌上的猪肉消费相对减少。

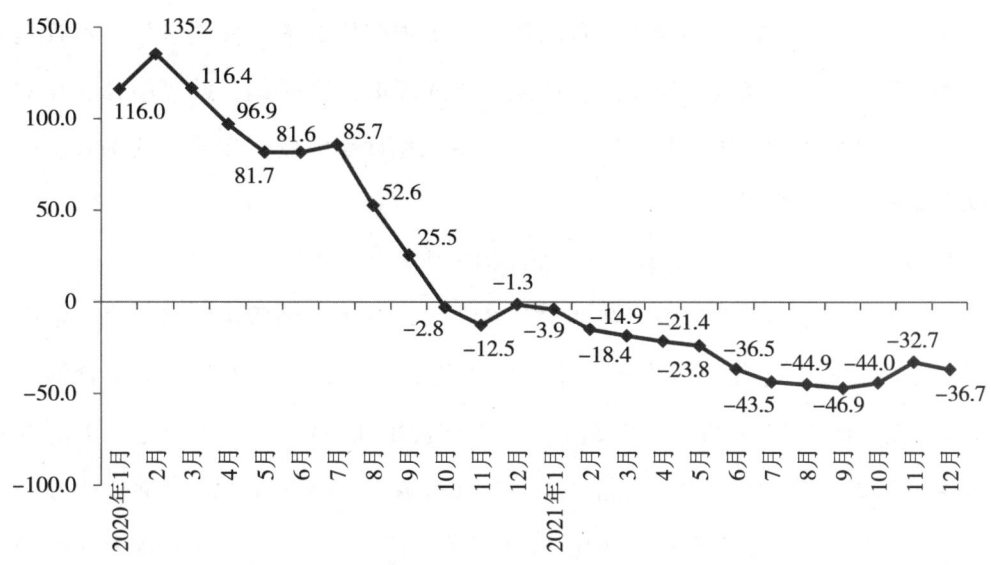

图 2-71　2020—2021年居民猪肉消费价格月度上涨幅度（%）

数据来源：国家统计局。

（二）食品消费市场发展趋势

1. 食品消费需求多样化、优质化、美味化

一是食品消费多样化，食品的品种、风味、烹调技艺和就餐方式等异常丰富多彩，不断满足和适应不同收入水平和不同口味的不同消费者的不同需要。

二是优质化，居民的膳食生活已完成了从追求数量到追求质量的转变，消费者对食品质量的追求逐渐深化到讲究食品的原料产地、采收时间、制作工艺等，以确保饮食的健康、安全及食品的质优味正。

三是美味化，随着生活水平的大幅度提高，人们越来越讲求饮食的色香味，食品如糕点、酱菜、蔬菜等的味道开始进入"淡、薄、轻、鲜"时代，即甜味清淡化、盐味稀薄化、油味轻微化、瓜果菜蔬新鲜化。

2. 消费场景更加多元化，助推产品向细分化发展

随着居民消费习惯的改变，食品的消费场景不再局限于正餐之时，而是已拓展至活动、娱乐和办公场所等生活的各个场景，洞察消费者的每一个生活场景，推出相应的产品，是"场景化"的核心，也是在激烈市场竞争条件下强化品牌竞争的有效途径之一。与其他消费品相比，食品消费有更加多样的消费需求场景，不管是熬夜加班、聚会、家庭晚餐、娱乐追剧还是难以入睡的失眠时刻，都离不开美食的支持，食品正从简单的充饥，到休闲、娱乐等多元化食品消费，多元化的场景将推动食品产品向细分化发展。

3. 食品消费升级态势明显，高档商品销售增长快

第一是我国食品消费升级态势明显，主要表现在主食消费量明显下降，消费升级类食品消费量快速增长。国家统计局数据显示，2020年，居民人均粮食消费量141.2千克，比2013年减少了7.5千克，人均食用油消费量10.4千克，相比2013年减少了0.2千克，而人均水产品、蔬菜及食用菌、干鲜瓜果类消费量分别为13.9千克、103.7千克、56.3千克，相比2013年分别增加了3.5千克、6.2千克和15.6千克，增长迅速。

第二是食品销售渠道的升级。以专业生鲜超市和高端食品超市为代表的食品销售业态销售份额不断扩大。专业生鲜超市和高端食品超市的快速发展体现了消费者对购物环境、商品品质、安全卫生等方面的更高要求。

第三是产品结构不断调整，中高端产品成消费主流。在普通超市里可以发现，低端食品的品种越来越少，食品商家纷纷升级产品品质，推出高端产品。以酸奶为例，部分品牌的高端酸奶在配料里面加入了生牛乳、乳酸菌等，尽管在价格上大幅超过了普通酸奶，但是消费者并没有避之不及，而是普遍接受了高端产品的溢价。

4. 方便食品继续扩大市场份额，预制菜成为年轻人消费新选择

生活节奏的不断加快使得方便食品的需求持续增加。人们为了节省时间，提高效率，尽量减少烹饪时间，再加上新技术革命使得家庭厨房中各类便捷化的小家电，如微波炉、烤箱、空气炸锅等的普及，使得人们对操作简单的方便食品购买增加。

此外，食品加工技术的进步也使得方便食品能够更多保持原有的风味和营养，一些厂家还为了迎合消费者的需求，在食品中添加各种营养物质，使得方便食品的营养更加丰富。

预制食品也是方便食品的一种，2021年预制食品受到了广泛关注，未来或将成为食品消费的发展方向之一，预制菜又叫半成品菜，是指消费者购买回来后只需要加热或者通过预制菜里面的料包组合进行简单的烹饪，短时间内就能做出来的菜品，目前预制菜主要的消费群体以"90后"消费者为主，和外卖相比，预制菜味道相对健康美味，食材也比较安全，使年轻人在忙碌工作和烹饪中找到了一种平衡，越来越多的消费者对这一品类有了认知，未来预制菜很有可能成为年轻人厨房的常备品。

5. 反对浪费将成为健康文明的"新食尚"

随着人口规模的扩大和城镇化的推进，未来我国粮食消费将依然保持刚性增长态势。而中科院公布的一项调查结果显示，我国餐饮食物浪费量每年在1700万至1800万吨，相当于3000万到5000万人一年的口粮。食物浪费不仅是食物本身的浪费，还意味着生产食物所投入的水、土地、能源以及其他生产资料的无效消耗，以及由此导致的环境污染和温室气体大量的排放，因此必须系统地减少粮食损失和浪费。

2021年4月29日，十三届全国人大常委会第二十八次会议表决通过《反食品浪费法》，意味着我国反对食品浪费从道德约束上升到法律层面，商家诱导超量点餐、制作发布传播暴饮暴食节目都将受到罚款，对于普通民众，法律除了提出树立文明、健康、理性、绿色的消费理念，倡导合理点餐取餐，还通过奖励参与"光盘行动"的消费者、对点餐浪费收取厨余垃圾处理费等规定，力求在全社会树立反对食品浪费的新风尚。

6. 养老和母婴市场食品消费潜力巨大

数据显示，截至2020年，我国60岁及以上人口就有2.64亿，占总人口数量的18.7%，从2022年开始，第二次婴儿潮也就是1962—1975年出生的人数将平均每年以2000万的速度逐步迈入60岁的大关，这就意味着未来10到20年60岁以上的老人数量将增加一倍，可以预见在深度老龄化的未来，将迎来长寿的时代，与老年人的营养膳食相关的产品也将大有机会。老年人食品发展的重点为：着力发展高蛋白质、高纤维素、低脂肪、低热量、低糖、低钠的主副食品，注重营养强化和功能性食品开发，适当发展针对某些疾病的食疗食品。

2020年我国出生率创下43年来的最低值，虽然2020年新生儿减少了400多万，但母婴市场规模却比2019年增加了9.82%，达到3.9万亿元，2021年进一步扩大，由于消费升级，年轻的父母们对育儿的投入加大，高档奶粉等婴幼儿食品市场需求较大。2021年各地都推出了鼓励生育的政策，2022年母婴市场份额将进一步加大，国内母婴食品市场正在迎来一波新的发展机遇，越来越多的创新因素被引入针对母婴食品的产品创新。此外，年青一代父母在育婴知识和理念上的丰富，正在为母婴食品市场带来更强的创新活力。

第三部分　2021年我国零售业发展运行情况

2021年，我国零售市场总体呈现恢复增长态势，商品零售总额同比增长11.8%。在科学有效的疫情防控措施下，人们外出购物的积极性有所提升，线下实体店客流有所恢复，居民对网上零售的依赖度逐渐下降，实物商品网上零售额占比有所回落，限额以上单位商品零售额实现较快增长，重点大型零售企业销售实现正增长，零售百强销售规模继续呈现扩张态势。随着疫情防控更加精准有效，促进消费政策持续显效发力，我国零售市场有望持续稳定复苏。

一、零售市场呈恢复增长态势

根据国家统计局数据，2021年我国社会消费品零售总额中商品零售额为39.4万亿元，同比增长11.8%，增速较2020年提高14.1个百分点，零售市场呈快速恢复增长的态势。

二、实物商品网上零售额占比回落

2021年我国实物商品网上零售额10.8万亿元，增长12.0%，增速较上年放缓2.8个百分点，占社会消费品零售总额的比重为24.5%，占比较上年下降0.4个百分点。

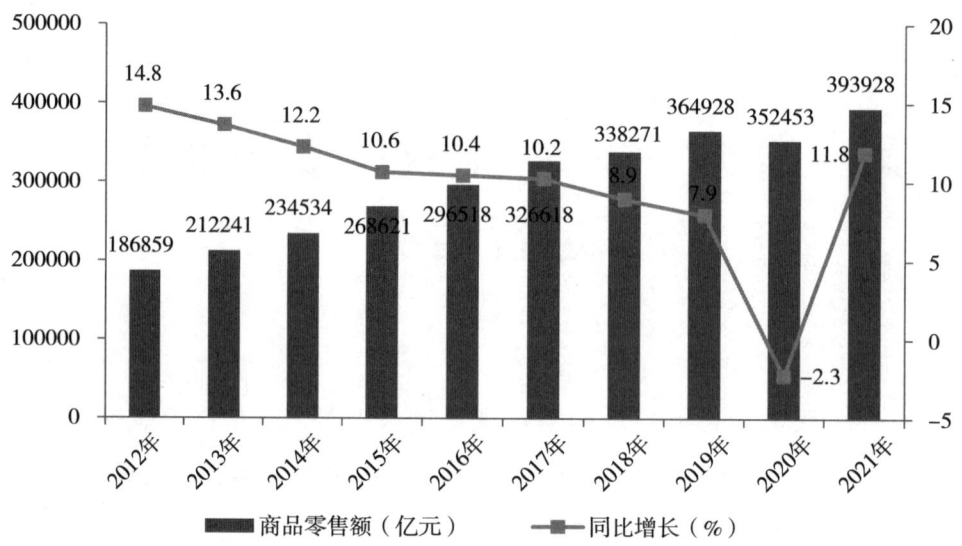

图 3-1　2012—2021 年社会消费品零售总额中商品零售额及同比增长情况

数据来源：国家统计局。

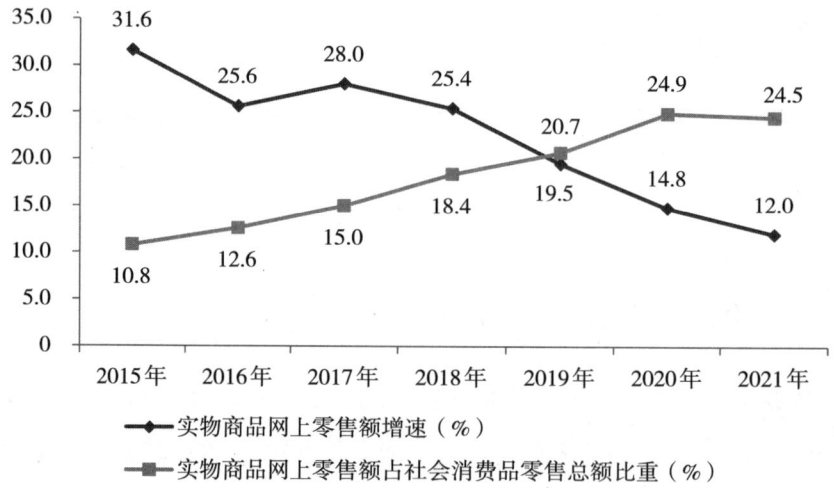

图 3-2　2015—2021 年我国实物商品网上零售额增速及占比情况（%）

数据来源：国家统计局。

三、线下实体店消费品零售额实现较快增长

2021年，在客流恢复和低基数效应的推动下，线下实体店消费品零售额同比大幅增长12.7%。其中，前3个月增速较高，4—7月在同期低基数效应减弱的情况下，增速逐渐放缓。8—12月，尽管有疫情、汛情等负面因素的影响，但总体来看增速比较平稳。

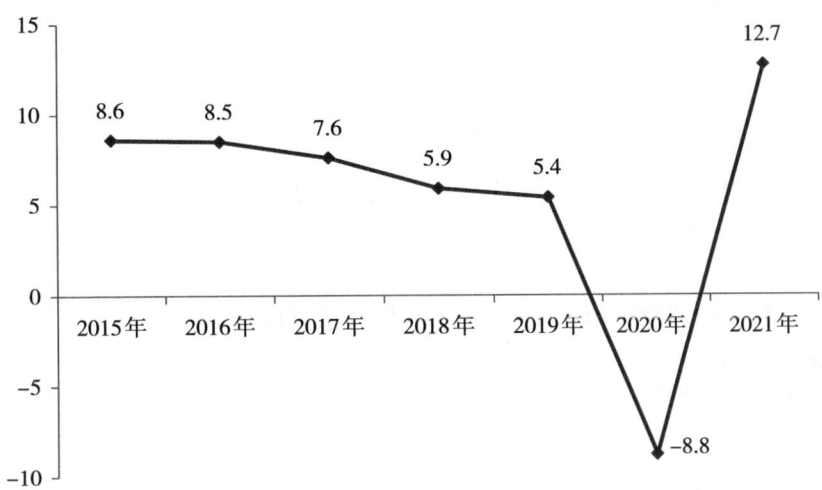

图3-3 2015—2021年我国线下实体店消费品零售额增长情况（%）

数据来源：国家统计局。

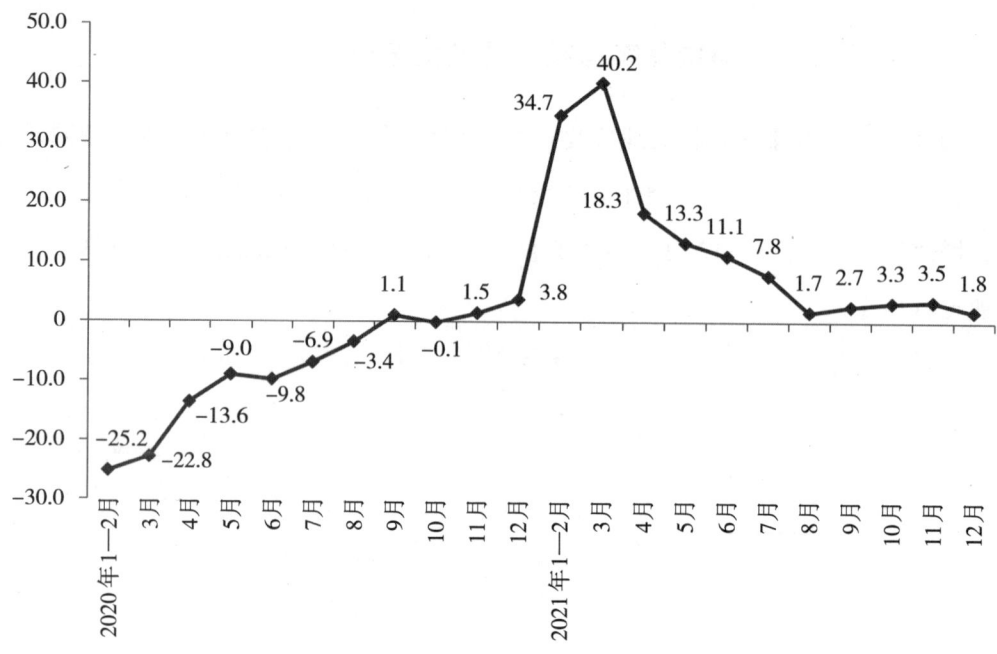

图 3-4　2020—2021 年线下实体店消费品零售额各月同比增速（%）

数据来源：国家统计局。

四、限额以上单位商品零售额实现较快增长

凭借规模、管理、技术、商誉等多方面优势，限额以上零售企业抵御外部环境冲击的能力要明显强于限额以下零售企业，这使得近两年来限额以上单位社会消费品零售额增速略高于限额以下单位。据测算，2021 年限额以上单位商品零售额同比增长 12.8%，增速快于限额以下单位商品零售额增速 1.6 个百分点。限额以上单位餐饮收入同比增长 23.5%，增速高于限额以下单位餐饮收入 6.2 个百分点。

限额以上单位各零售业态中，超市零售额同比增长 6.0%，增速高于上年 2.9 个百分点。百货店、专业店、专卖店、便利店在居民消费特别是升级类消费快速恢复的推动下，均实现 10% 以上的较快增长。

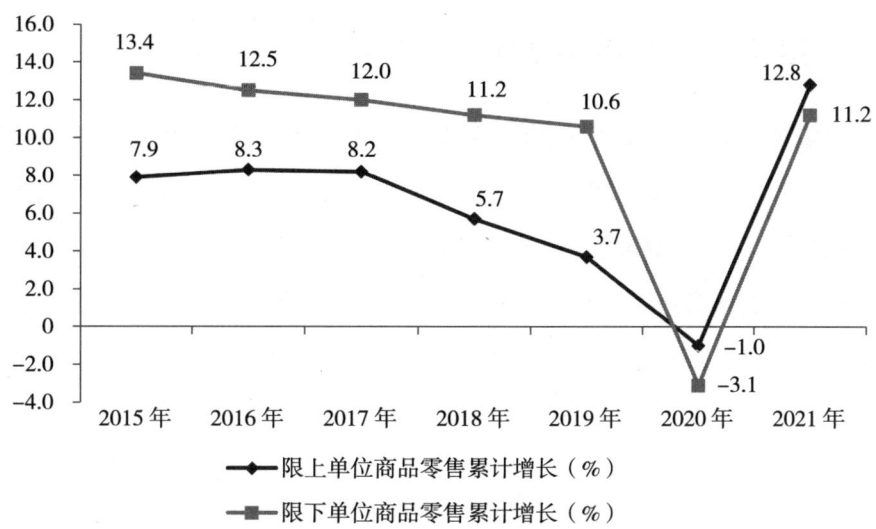

图 3-5　2015—2021 年我国限额以上和限额以下单位商品零售增速（%）

数据来源：国家统计局。

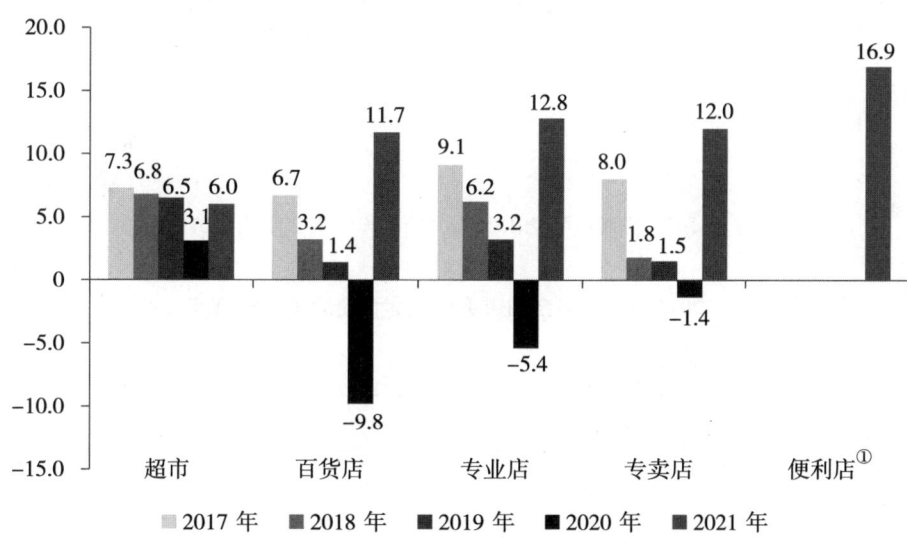

图 3-6　2017—2021 年限额以上单位各零售业态零售额增长情况（%）

数据来源：国家统计局。

---

① 便利店为 2021 年新纳入统计指标。

五、全国重点大型零售企业实现正增长

根据中华全国商业信息中心的统计数据,2021年全国重点大型零售企业零售额同比增长9.4%。其中,金银珠宝类零售额同比大幅增长39.8%,家用电器类、服装类、日用品类、化妆品类均实现较快增长。各品类商品零售额之所以实现快速增长,与上年低增速基数有关,据估算,大型零售企业的大部分商品销售尚未恢复到疫情前水平。此外,粮油、食品类零售额同比下降12.1%。

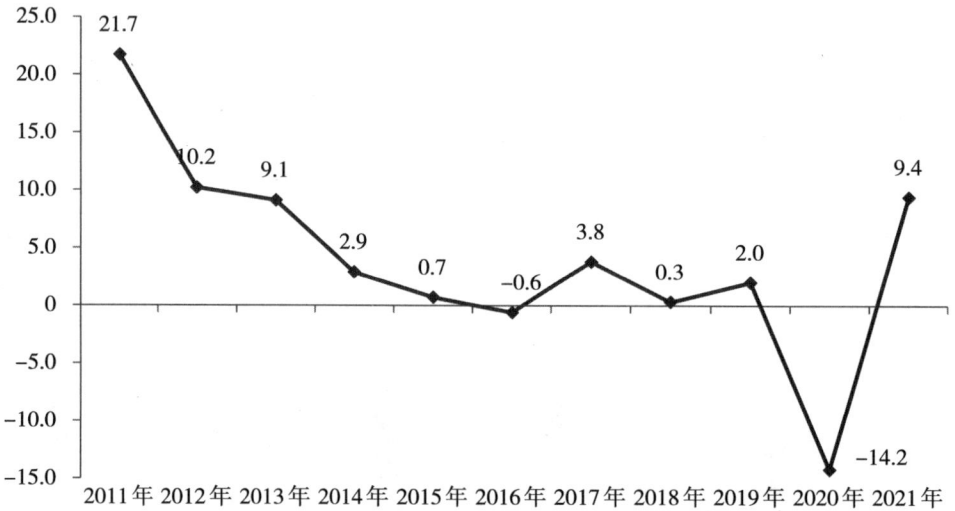

图 3-7 2011—2021 年全国重点大型零售企业零售额增速(%)

数据来源:中华全国商业信息中心。

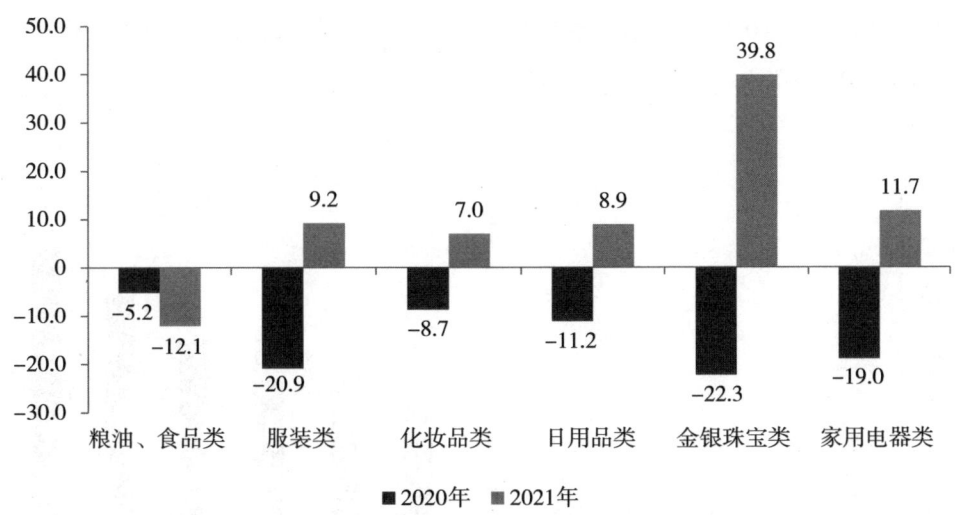

图 3-8　2020—2021 年全国重点大型零售企业各类别商品零售额增长情况（%）

数据来源：中华全国商业信息中心。

六、2021 年零售业百强规模继续扩张

面对 2021 年复杂多变的市场环境，零售业百强商品销售规模继续保持较快增长态势。2021 年零售业百强销售规模突破 12 万亿元，达到 12.1 万亿元，同比增长 14.1%[①]，高于社会消费品零售总额增速 1.6 个百分点。2021 年零售业百强销售额占社会消费品零售总额的比重为 27.5%，比 2020 年提高 1.2 个百分点。

2021 年零售业百强中有 3 家万亿级企业（与 2020 年相同），6 家千亿级企业（比 2020 年增加 1 家），48 家百亿级企业（比 2020 年增加 5 家），以及 43 家十亿级企业（比 2020 年减少 6 家）。零售业百强入围门槛为 29.2 亿元，与上年持平。

2021 年零售业百强企业中，据估算，第 1 名天猫销售规模为 3.5 万亿元，占百强整体销售规模的比重为 28.6%，比 2020 年下降 2.5 个百分点；前 3 名销售规模合计为 9.2 万亿元，占百强整体销售的比重为 76.0%，比 2020 年上升 3.3 个百分点；前 5 名销售规模合计为 9.7 万亿元，占百强总销售的比重为 80.5%，比 2020 年上升

---

① 由于 2021 年度进入零售百强的企业相比上年有所变化，为保证本年数据与上年可比，计算零售业百强同比增长速度所采用的同期数与本期的企业统计范围相一致，和上年公布的数据存在口径差异。

0.6个百分点；前10名企业销售规模合计为10.4亿元，占百强总销售规模的比重为85.9%，比2020年上升0.2个百分点。

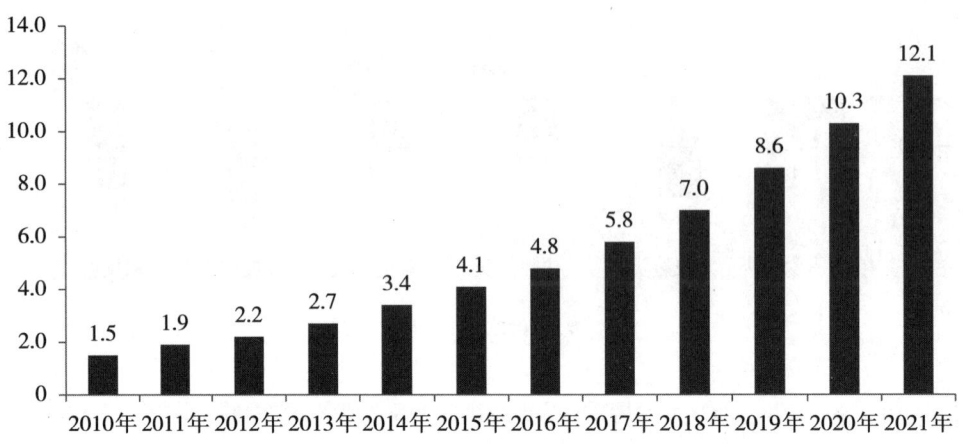

图 3-9　2010—2021 年零售业百强销售规模（万亿元）

数据来源：中华全国商业信息中心。

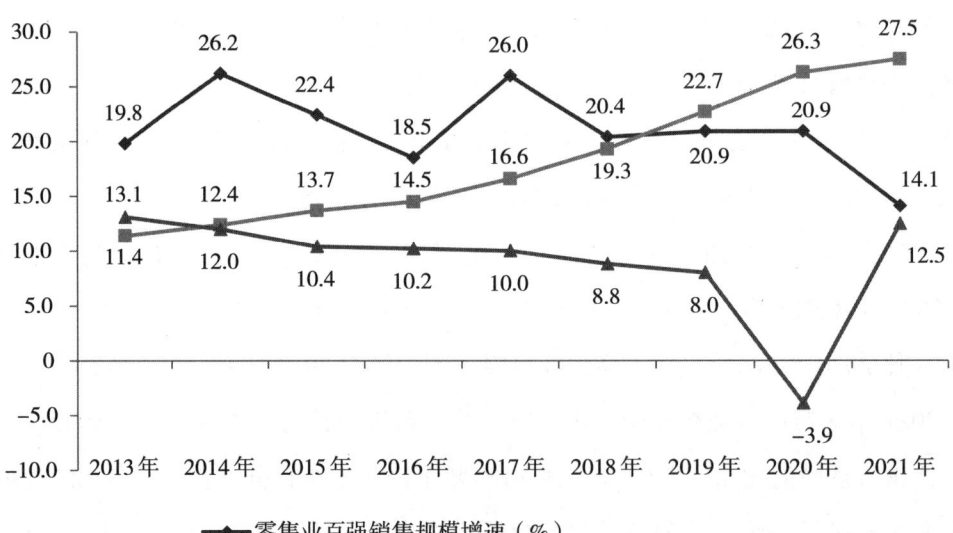

图 3-10　2013—2021 年零售业百强销售规模增速、社消增速及百强占社消比重

数据来源：国家统计局、中华全国商业信息中心。

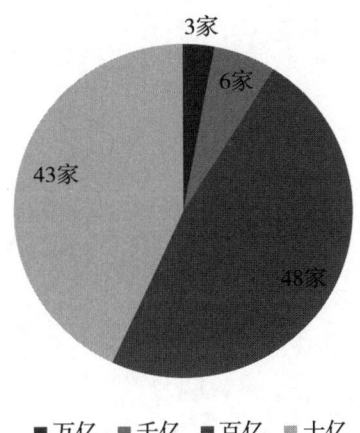

图 3-11　2021 年我国零售业百强中万亿、千亿、百亿、十亿级企业家数

数据来源：中华全国商业信息中心。

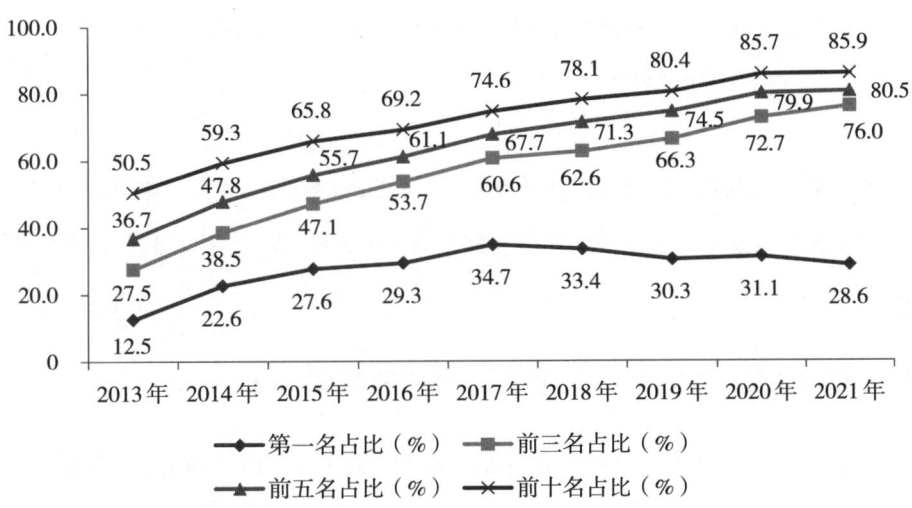

图 3-12　零售业百强第一、前三、前五、前十名销售规模占百强整体销售的比重（%）

数据来源：中华全国商业信息中心。

七、电商依旧是零售业百强增长的主要拉动力

2021 年零售百强零售企业中 4 家电商的销售规模为 9.4 万亿元，同比增长 19.3%，较上年放缓 10.8 个百分点，4 家电商的销售规模占百强总销售的比重为

77.8%，较上年提高3.3个百分点。

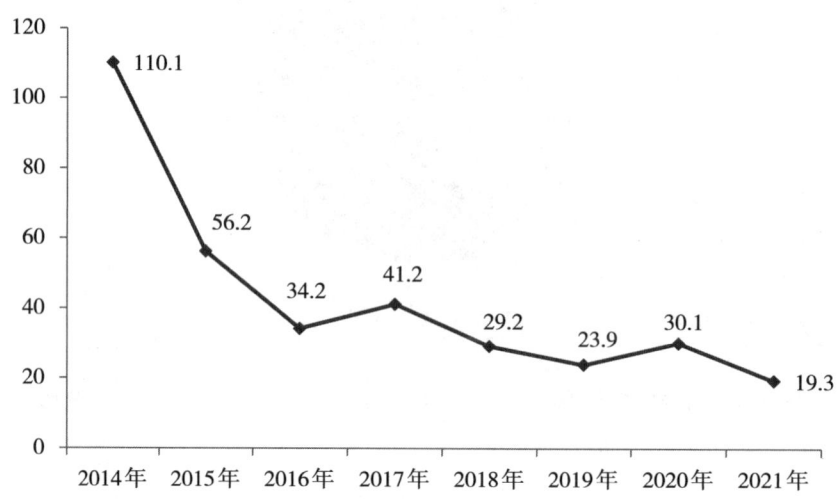

图3-13　2014—2021年零售百强中电商总销售额同比增速（%）

数据来源：中华全国商业信息中心。

尽管百强中电商销售规模增速呈现下降趋势，但仍是拉动百强增长的主力，4家电商对百强零售企业总销售增长的贡献率为99.8%，较上年电商贡献度下降0.5个百分点。

八、零售百强中实体零售企业销售增速降幅收窄

2021年零售百强中的实体零售企业积极转型创新，以新商品、新服务、新模式、新业态引领、挖掘和创造新型消费、拓展新增市场，疫情以来销售增速快速下滑的局面有所改善。零售百强企业中以实体为主的零售企业销售规模增速降幅有所收窄。据统计，2021年，扣除4家电商后，96家以实体为主的零售企业销售规模同比下降0.8%，低于上年同期0.6个百分点，增速下降幅度较2020年收窄5.1个百分点。

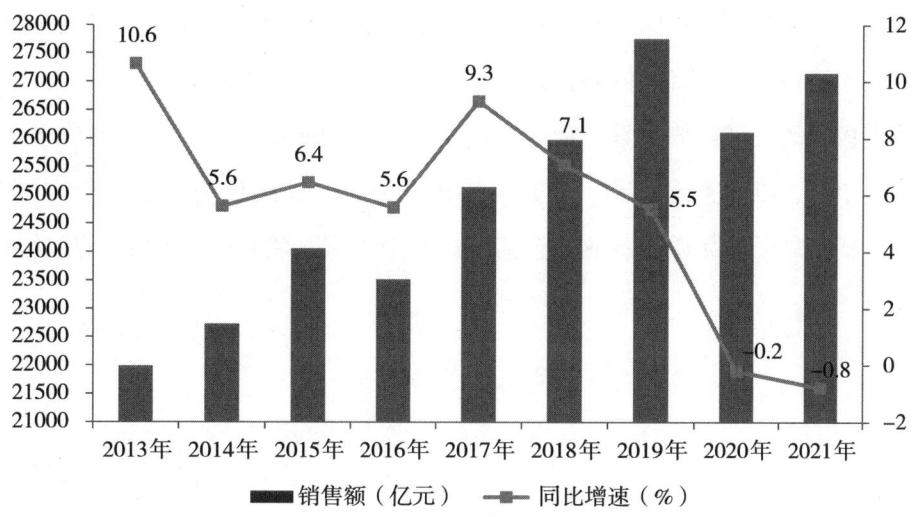

图 3-14　96 家以实体为主的零售企业销售额和同比增速

数据来源：中华全国商业信息中心。

2021 年 96 家实体零售企业中有 67 家企业销售实现正增长，正增长的 67 家企业销售额同比上年增长 13.6%。随着疫情防控更加精准有效，促进消费政策持续显效发力，实体零售企业销售增速有望持续稳定复苏。

分业态看，在 2021 年零售百强企业中，以百货、便利店、购物中心为主的业态销售额增长较快，以百货为主的业态销售额同比增长 9%，以便利店为主的业态同比增长 22.1%，以购物中心为主的业态同比增长 11.8%，以超市为主的业态同比增长 0.2%，以专业店为主的业态同比下降 16.3%（主要是受苏宁和国美的影响）。

九、零售业将进一步恢复稳定健康发展

由于新冠疫情的持续影响，今年以来企业经营困难有所加大。为此，国家有关部门出台了一系列助企纾困的政策措施，对疫情中的困难企业特别是中小微企业和个体户提出了力度大、针对性强的纾困帮扶政策。此外，各地还密集出台促消费、稳市场的举措，对促进消费的稳定恢复起到了比较明显的积极作用。

下一阶段，全国各部门将继续认真贯彻落实党中央、国务院决策部署，坚定实施扩大内需战略，统筹疫情防控和消费促进工作，千方百计推动消费持续恢复和升

级，在国家"六稳""六保"政策的引领下，国内统一大市场建设持续推进，居民消费信心和消费能力将持续恢复，消费市场将持续向稳定增长发展。

从零售业的发展趋势来看，疫情加速了零售业的变革创新，零售业将继续朝着以品质为中心、以服务为中心、以数字化技术为中心、注重绿色经营等方向转变，新技术、新产品、新品质、新业态、新模式快速发展，将推动零售业向高质量发展转型升级。

第四部分 零售业区域发展环境

"十四五"时期是"两个一百年"奋斗目标的历史交汇期,是我国经济由高速增长转向高质量增长的关键阶段。全面推进区域协调、高质量发展,是解决疫情冲击下发展不平衡不充分问题的客观需求,是构建我国经济发展新格局的必要支撑。2021年是我国"十四五"开局之年,我国深入实施区域重大战略和区域协调发展战略,区域空间布局更加优化,协调性稳步提升,质量效益逐渐提高,区域协调发展正向着更高水平迈进。2021年,我国东部、中部、西部、东北地区主要指标保持平稳较快增长,经济恢复势头良好;东部、中部、西部地区居民人均可支配收入分别比上年名义增长9%以上。与此同时,长三角、京津冀、长江经济带、粤港澳大湾区等区域重大战略继续向纵深推进。

一、"四大板块"零售业发展环境

(一) 东北地区生产总值占全国比重再次回落

近些年来,西部大开发取得卓越成就,经济活力和实力大幅提升,与东部地区经济发展差距呈缩小态势,而受资源禀赋、改革开放进程、社会历史变化等诸多因素影响,"南北差距"取而代之。以东北来看,当前我国东北地区结构调整的任务仍较为艰巨,原有的经济发展模式已不适应社会的发展需求,而新的发展格局又没有形成,因此陷入了发展的相对滞后,进一步导致了人才、资源的外流。2021年,我国东北地区年末常住人口数为9729万人,相比"十三五"时期初(2016年末)净减少628万人;地区生产总值占全国的比重为4.9%,相较2016年下降了1.9个百分点,其中第一产业占全国的比重下降了1个百分点,第二、第三产业分别下降了1.7个和2.1个百分点。

受益于科技创新投入加大、产业转型升级加快，东部地区发挥先发优势，人口数量和经济进一步发展扩大，2021年，东部地区面积占全国总面积13.6%，人口占全国总人口的比重为40.1%，实现地区生产总值592201.8亿元，占全国GDP的比重为52.1%，相比上年提升了0.2个百分点。受益于基础设施的完善及承接产业转移的落地，2021年中部、西部地区继续保持平稳较快发展，生产总值占全国比重分别为22.0%和21.1%，跟上年水平持平。

2021年，全国31个省（自治区、直辖市）GDP增速全部在5%以上，东部地区的海南省和中部地区的湖北省实现了超过10%的快速增长，地区生产总值增速分别为11.2%和12.9%。东北地区三省份经济增速均在7%以下，经济恢复相对较慢，其中辽宁同比增长5.8%，在全国31个省（自治区、直辖市）中仅快于青海，吉林同比增长6.6%，黑龙江同比增长6.1%，在全国均处于后五位水平。

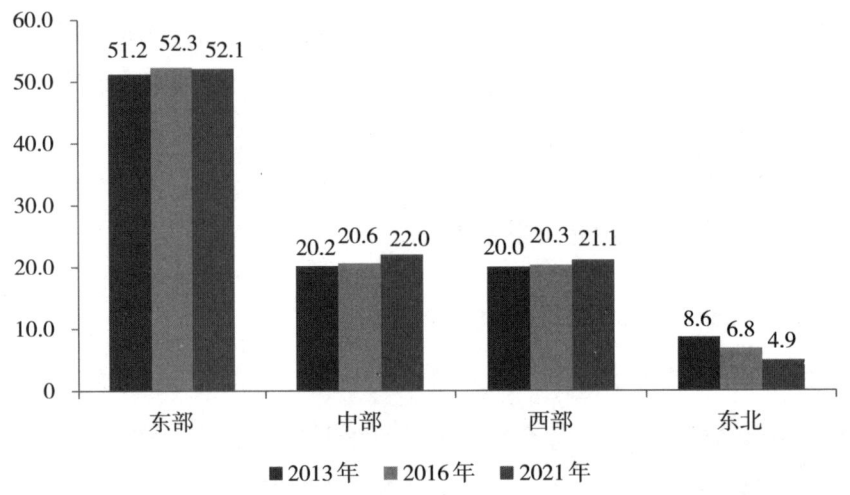

图4-1　东、中、西、东北地区生产总值占全国的比重（%）

数据来源：各年《中国统计摘要》。

（二）东、中、西部地区居民人均可支配收入均增长9%以上

2021年，全年全国居民人均可支配收入35128元，比上年增长9.1%，扣除价格因素，实际增长8.1%。高于人均GDP增速，与GDP增速同步。全国居民人均可支配收入中位数29975元，同比增长8.8%。

从地区情况来看，2021年东、中、西、东北地区居民人均可支配收入分别为44980.3、29650、27798.4、30517.7元，相比上年分别同比名义增长9.1%、9.2%、9.4%和8.0%，相比2016年分别累计增长了46.7%、48.2%、51.0%和36.5%。2021年31个省（自治区、直辖市）中，居民人均可支配收入增速前五的省份分别是西藏14.7%、湖北10.6%、云南10.2%、贵州10.1%、安徽10.0%，均分布在西部、中部地区，但西部地区有些省份增长较慢：青海、内蒙古、宁夏、甘肃人均可支配收入增速均处于全国较低水平位置。

从收入绝对值比较来看，人均可支配收入水平高于全国人均35128元的省份有8个，均分布在东部地区。全国仍有9个城市居民人均可支配收入低于25000元，分别是东北地区的黑龙江、中部地区的河南和西部地区的广西、新疆、青海、云南、西藏、贵州和甘肃。

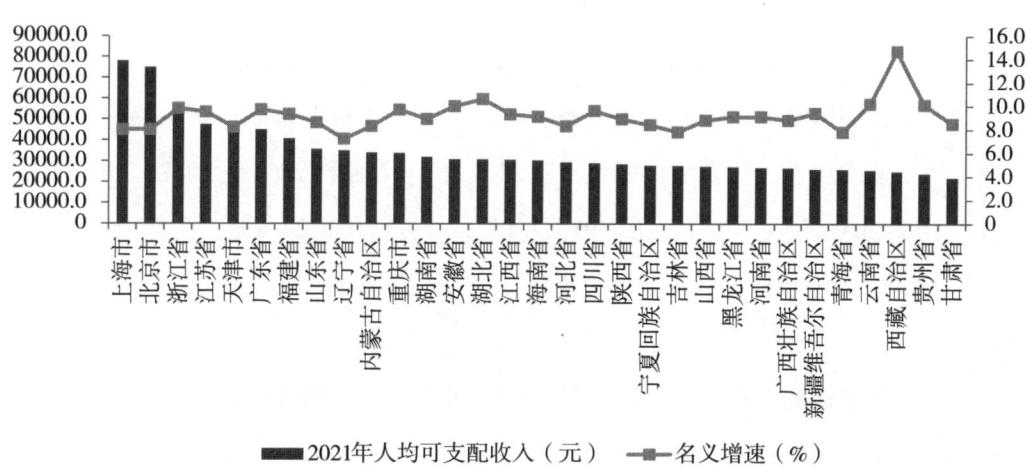

图4-2 2021年我国31个省（自治区、直辖市）居民人均可支配收入及名义增长情况

数据来源：根据《2022中国统计摘要》整理。

从城镇和农村居民人均可支配收入增长情况来看，四个地区内部城乡发展之间的差距进一步缩小，东、中、西、东北地区农村居民人均可支配收入增速分别领先其城镇增速2.3、2.0、2.5和3.1个百分点。

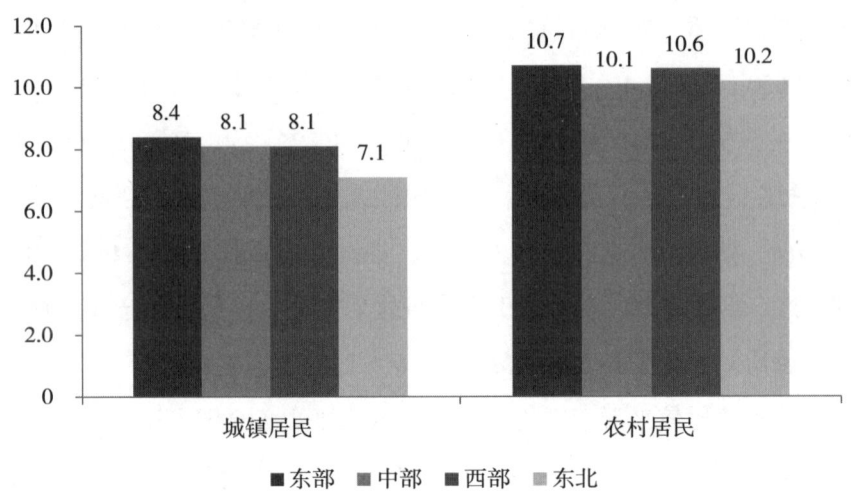

图4-3 2021年四大地区城镇居民、农村居民人均可支配收入名义增长情况（%）

数据来源：根据《2022中国统计摘要》数据计算。

（三）2021年中部地区社消零售总额占比提升0.6个百分点

近年来，在国家中部崛起的大战略背景下，中部省份消费品市场发展势头良好，呈现出增长速度快、运行质量好的特点。2021年，我国中部地区实现社会消费品零售总额105965.0亿元，占全国比重由上年的23.5%提升到24.1%；西部地区所占比重仍为20.9%；东部和东北地区社消零售额占全国比重则分别回落0.4个和0.2个百分点。

从具体省市情况来看，中部地区除河南以外的其余省份2021年社会消费品零售总额同比名义增长均在14%以上，拉动整个地区实现了14.9%的同比增长，其中湖北同比增长19.9%，在全国范围内仅排在海南（26.5%）以后，江西和安徽分别同比增长17.7%和17.1%；受北京（8.4%）、天津（5.2%）、河北（6.3%）消费品市场增长较缓影响，东部地区2021年社会消费品零售总额名义增长11.6%，低于全国增速0.9个百分点；西部地区不同省份间消费品市场发展差异仍较明显，既有高于15%的快增长省份：重庆（18.5%）、新疆（17.0%）、四川（15.9%），也有全国消费品市场增长最低的省份：宁夏（2.6%），地区整体增速与全国水平持平；东北地区三省份消费品市场增速均明显低于全国水平，整个地区2021年同比名义增长9.3%。

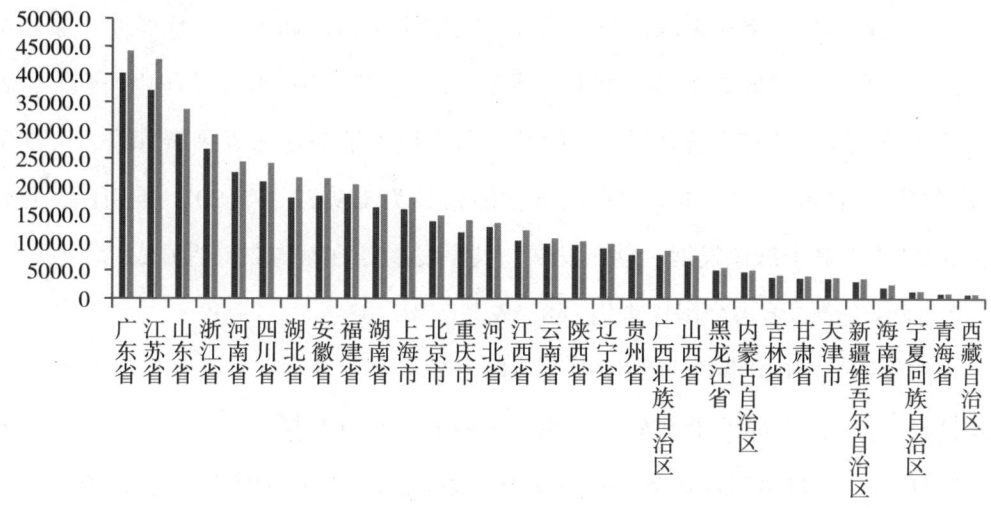

图4-4　2020年、2021年31个省（自治区、直辖市）社会消费品零售总额（亿元）

数据来源：《2022中国统计摘要》。

2021年，我国网上零售额130884亿元，比上年增长14.1%。其中实物商品网上零售额108042亿元，同比增长12.0%，占社会消费品零售总额的比重为24.5%，对社会消费品零售总额增长的贡献率为23.6%。网络零售的快速发展，为疫情下保障居民的日常消费需求、拉动我国消费品市场实现快速平稳增长起到了重要作用，也对形成国内统一大市场、降低区域消费发展水平差异有着明显的积极意义。根据计算，2021年我国东部、中部、西部和东北地区网上零售额分别实现同比增长12.3%、19.0%、22.7%和18.5%，实物商品网上零售额分别实现同比增长10.7%、17.0%、18.4%和12.4%，呈现出东部地区起步早发展快、其他地区在后发优势下快速追赶的市场格局。

二、重要经济带零售业发展环境

（一）京津冀

1. 京津冀区域发展指数稳步提升

京津冀协同发展多年来取得明显成效，在国家统筹协调下，三地建立了紧密的协作关系，在重点领域取得了一批重大成果，北京对津冀辐射带动作用增强。2021年，国家统计局、北京市统计局和中国社会科学院产业与区域发展智库联合开展的课题测算结果显示，2020年京津冀区域发展指数为119.33，与2014年相比，年均提高3.22点，其中绿色发展、创新发展、共享发展等方面均取得明显成绩。

2. 地区生产总值占全国比重仍为8.5%

面对复杂严峻的国际环境和国内疫情散发等多重考验，京津冀地区2021年经济稳步恢复，协同发展取得新成效，实现"十四五"良好开局。

2021年，京津冀实现地区生产总值9.6万亿元，占全国的比重为8.5%，与上年持平。其中北京、河北经济总量均突破4万亿元，分别为40269.6亿元和40391.3亿元，按不变价格计算，比上年分别增长8.5%和6.5%；天津实现地区生产总值15695.1亿元，增长6.6%。与2019年相比，京津冀三地GDP两年平均分别增长4.7%、3.9%和5.1%。

3. 社会消费品零售总额占全国的比重较上年回落0.4个百分点

2021年，京津冀地区共实现社会消费品零售总额32147.4亿元，同比名义增长7.1%，明显低于全国12.5%的增长水平，占全国总社消的比重由上年的7.7%回落为7.3%。

京津冀地区消费品市场增长较缓主要是受到天津的影响：2021年，天津市实现社会消费品零售总额3769.8亿元，同比增长5.2%，增速排名在全国范围内仅好于宁夏；网上零售额同比增长4.8%，增幅在全国范围内仅高于浙江；实物商品网上零售额同比下降2.7%，是全国唯一一个负增长的省市。

(二) 长江经济带[①]

1.《"十四五"长江经济带发展实施方案》发布实施

2021年9月，由国家发展和改革委员会组织编制的《"十四五"长江经济带发展实施方案》印发实施，这是支撑指引长江经济带高质量发展的管总方案，明确要以习近平新时代中国特色社会主义思想为指导，坚持生态优先、绿色发展的战略定位和"共抓大保护、不搞大开发"的战略导向，按照生态优先、系统治理，创新驱动、绿色转型，协同联动、差异发展，改革激励、文化引领等原则，认真落实"五新三主"战略部署要求，到2025年，长江经济带生态环境保护成效进一步提升，经济社会发展全面绿色转型取得明显进展，支撑和引领全国高质量发展的作用显著增强[②]。

2. 长江经济带经济总量占全国比重为46.6%，与上年持平

依托长江黄金水道，以长三角城市群、长江中游城市群和成渝地区双城经济圈为主体的长江经济带，是我国区域经济发展的重要增长极。2021年，长江经济带地区生产总值达到530227.7亿元，同比增长8.7%，对全国经济高质量发展起到了强有力的支撑带动作用，经济总量占全国总GDP的46.6%，与上年持平。其中，一产、二产、三产占全国比重分别为43.2%、47.0%和46.8%。

绿水青山就是金山银山，长江经济带在经济实现平稳快速发展的同时，长江流域生态环境保护的大方向始终没有变，在"共抓大保护、不搞大开发"的总体要求下，长江经济带走出了一条生态优先、绿色发展之路，生态环境明显改善，绿色低碳循环持续深入发展。

3. 地区社会消费品零售总额占据全国"半壁江山"

2021年，长江经济带社会消费品零售总额221565.5亿元，相比上年同比名义增长14.9%，占全国社会消费品零售总额的比重超过一半，高达50.3%，在上年提升6个百分点的基础之上再次提升1.1个百分点。

从各省市情况来看，湖北、重庆、江西、安徽2021年社会消费品零售总额名义增长均在15%以上，居全国增速排名第2至第5位。四川、江苏、湖南、贵州、上

---

① 包括上海、江苏、浙江、安徽、江西、湖北、湖南、重庆、四川、贵州、云南等11省市。
② 资料来源于2021年11月5日国家发展和改革委员会"1+N"规划政策体系发布会。

海同比名义增长也均在10%以上。从网上零售情况来看，长江经济带各省市也表现非常突出，以江西和湖北为代表，其2021年网上零售额和实物商品网上零售额同比增长均超过20%。

（三）长江三角洲①

1. 长三角一体化步入加速建设期

习近平总书记亲自谋划、部署推动，为长三角一体化的高质量发展按下"快进键"，《长江三角洲一体化发展规划纲要》实施以来，从基础设施建设、政府服务到科技协同，长三角区域协调发展取得了长远发展。2020年，上海、江苏、浙江和安徽都围绕着该规划步入加速建设期。

2. 长三角三省一市地区生产总值均破4万亿元

2021年，长江三角洲实现地区生产总值276054.0亿元，占全国经济的份额为24.3%，为疫情下经济稳增长做出了积极贡献。根据统计，上海、江苏、浙江、安徽4个省市经济显著回升向好，2021年地区生产总值分别同比增长8.1%、8.6%、8.5%和8%。其中，安徽地区生产总值首次突破4万亿元，而上海也成为继北京后全国第二个地区生产总值超过4万亿元的城市。

3. 社会消费品零售总额占全国比重继续上升

2021年，长江三角洲地区社会消费品零售总额为111463.6亿元，同比名义增长13.8%，占全国总社消的比重为25.3%，在上年提升3个百分点的基础之上又提升了0.3个百分点。

具体来看，2021年，江苏社会消费品零售总额为42702.6亿元，同比增长15.1%，总量稳居全国第2；浙江全社会消费品零售总额为29210.5亿元，比上年增长9.7%；安徽全年社会消费品零售总额达到21471.2亿元，增长17.1%，增速亮眼；上海则为18079.25亿元，比上年增长13.5%。

三、发挥地区比较优势，促进区域发展平衡

自2003年党的十六届三中全会提出统筹区域发展后，区域协调发展一直是我国

---

① 包括上海、江苏、浙江和安徽4个省市。

经济规划的重要内容，在2021年我国开启又一个五年规划时，我国区域协调发展也步入了一个全新阶段：伴随着中国经济在高质量发展轨道上坚定前行，我国区域空间布局更加优化，质量效益稳步提高，区域协调发展正向着更高水平迈进。

区域协调发展不是简单地要求各地区在经济发展上达到同一水平，而是要根据各地区的条件，走合理分工、优化发展的路子。不平衡是普遍的，要在发展中促进相对平衡。习近平总书记指出："按照客观经济规律调整完善区域政策体系，发挥各地区比较优势，促进各类要素合理流动和高效集聚，增强创新发展动力，加快构建高质量发展的动力系统，增强中心城市和城市群等经济发展优势区域的经济和人口承载能力，增强其他地区在保障粮食安全、生态安全、边疆安全等方面的功能，形成优势互补、高质量发展的区域经济布局。"

推动区域协调发展，最终要体现在满足人民日益增长的美好生活需要上。展望未来，深入实施区域重大战略和区域协调发展战略，一定能为我国经济高质量发展注入新动力，让改革发展成果更多、更公平惠及广大人民群众。

第五部分　未来零售业发展趋势

一、消费品市场发展趋势

（一）创新将成为推动消费升级的主动力

创新将体现在三个方面：一是商品创新将在质量、功能等实用价值创新基础上，更加注重以文化、艺术、知识等精神价值为附加值的创新；二是零售业态将从单一形态向复合形态发展，通过各种传统零售业态元素的重组搭配，给予人们新鲜的消费体验；三是服务将得到零售企业更大的关注和投入，以满足人们对美好生活、品质生活的需求。随着科技的发展、生产力的提升，商品在材质、功能上的差距将呈缩小趋势，而以人为本的服务竞争将成为品牌脱颖而出的关键。

（二）实用价值与情感价值融合提升

实用价值与情感价值是消费价值重要的组成部分，消费升级将主要围绕这两方面价值的提升而展开。一是人们更加关注以品质安全、功能实用、购买便捷为主的实用价值，消费更加理性，也更加谨慎。二是人们对消费带来的新鲜感、文化归属感、自我提升感等情感价值提出更高的要求，希望通过更多的消费体验来丰富生活和情感。三是消费呈现出实用价值与情感价值相互融合、共同提升的发展特征。

（三）线上消费多元化、成熟化发展

2022年上半年，线上消费保持正增长，占消费品市场的比重进一步提升，线上主力消费群体的构成越来越多元化，消费心理也更加成熟。基于较好的增长势头以及用户群体的新特征，线上商业创新也相应呈现出商品更加丰富、场景更加多元、文化更加多样的发展特征，线上消费已经从单纯的商品消费向文化消费、生活方式消费、知识消费等综合内容消费转型。

(四) 冰雪消费将成为全民热点消费

北京冬奥会、冬残奥会已经圆满结束，但冬奥经济效应依然持续释放，我国冰雪消费热情将传递至大江南北。在实现"带动三亿人参与冰雪运动"的目标后，我国将持续推进"北冰南展，西扩东进"和"四季拓展"的发展战略，冰雪运动及服饰、装备、设施、旅游、文创、表演等相关产业将得到系统全面的较快发展。随着冰雪运动从区域走向全国，从冬季走向全年，从小众走向全民，冰雪消费将成为全民热点消费之一。

二、零售业发展趋势

(一) 零售业将更加注重践行绿色低碳理念

实现碳达峰、碳中和是我国向世界做出的庄严承诺。《中共中央 国务院关于完整准确全面贯彻新发展理念做好碳达峰碳中和工作的意见》提出，把碳达峰、碳中和纳入经济社会发展全局，坚定不移走生态优先、绿色低碳的高质量发展道路，确保如期实现碳达峰、碳中和。在双碳目标下，社会将倡导简约适度、绿色低碳生活方式，人们将更加推崇低碳、健康、品质、安全的消费理念，零售业也将在产品设计、商品包装、门店装修、物流运输等环节更加注重践行绿色低碳理念。

(二) 以综合服务为特征的社区商业将加快发展步伐

一方面，我国65岁及以上人口超过两亿人，占全国人口的14.2%，按照国际标准，已经进入深度老龄化社会。另一方面，为促进人口长期均衡发展，我国开始实施三孩政策并给予配套支持措施，儿童人口占比将有所提升。基于人口发展趋势，社区商业亟须加速升级，以满足家庭的商品和服务需求。商务部等有关部门已联合发布《关于推进城市一刻钟便民生活圈建设的意见》，提出"到2025年，建设一批布局合理、业态齐全、功能完善、智慧便捷、规范有序、服务优质、商居和谐的城市便民生活圈"。随着各地区加快布局并积极推动社区商业建设，我国社区商业将朝着补齐短板、丰富商品、创新服务、优化环境的方向加速发展。

(三) 县域商业体系将实现较快发展

为实现共同富裕目标，我国将推动更多低收入群体跨入中等收入行列。农村地区低收入居民较多，是实现共同富裕的重要抓手。在从脱贫攻坚到乡村振兴的过程中，农村居民的收入和消费将实现较快增长，相应的商业基础设施也将加快完善。县域商业体系是推动新型城镇化、加快县域内城乡融合发展的重要载体。《关于加强县域商业体系建设促进农村消费的意见》提出目标："力争到2025年，在具备条件的地区，基本实现县县有连锁商超和物流配送中心、乡镇有商贸中心、村村通快递，促进农民收入和农村消费双提升。"在此目标下，我国县域商业体系将实现较快发展。

（四）零售业加快转向精细化经营

在供给冲击、需求收缩、预期转弱、成本上升的环境下，市场发展不平衡不充分的问题依然比较突出，部分规模扩张较快的企业面临盈利问题、现金流问题，因此，保供能力、商品品质和地理位置成为零售企业关注的核心优势，零售业加快从粗放式经营转向精细化经营。

第六部分　相关政策法规

国务院办公厅关于进一步释放消费潜力促进消费持续恢复的意见

【发布单位】国务院办公厅

【发文字号】国办发〔2022〕9号

【发布日期】2022年4月25日

各省、自治区、直辖市人民政府，国务院各部委、各直属机构：

消费是最终需求，是畅通国内大循环的关键环节和重要引擎，对经济具有持久拉动力，事关保障和改善民生。当前，受新冠肺炎疫情等因素影响，消费特别是接触型消费恢复较慢，中小微企业、个体工商户和服务业领域面临较多困难。为深入贯彻习近平新时代中国特色社会主义思想，完整、准确、全面贯彻新发展理念，加快构建新发展格局，协同发力、远近兼顾，综合施策释放消费潜力，促进消费持续恢复，经国务院同意，现提出以下意见。

一、应对疫情影响，促进消费有序恢复发展

（一）围绕保市场主体加大助企纾困力度

深入落实扶持制造业、小微企业和个体工商户的减税退税降费政策。推动金融系统通过降低利率、减少收费等多种措施，向实体经济让利。引导金融机构优化信贷管理，对受疫情影响严重的行业企业给予融资支持，避免出现行业性限贷、抽贷、断贷。延续执行阶段性降低失业保险、工伤保险费率政策。对不裁员少裁员的企业，实施好失业保险稳岗返还政策。清理转供电环节不合理加价。采取切实有效措施制止乱收费、乱摊派、乱罚款行为。鼓励有条件的地区对零售、餐饮等行业企业免费开展员工定期核酸检测，对企业防疫、消杀支出给予补贴支持。落实好餐饮、零售、旅游、民航、公路水路铁路运输等特困行业纾困扶持措施。鼓励地方加大帮扶力度，支持各地区结合实际依法出台税费减免等措施，对特困行业实行用电阶段性优惠、暂缓缴纳养老保险费等政策，对承租非国有房屋的服务业小微企业和个体工商户给予适当帮扶，稳住更多消费服务市场主体。

（二）做好基本消费品保供稳价

结合疫情防控形势和需要，加快建立健全生活物资保障体系，畅通重要生活物资物流通道。在各大中城市科学规划建设一批集仓储、分拣、加工、包装等功能于一体的城郊大仓基地，确保应急状况下及时就近调运生活物资，切实保障消费品流通不断不乱。建立完善重要商品收储和吞吐调节机制，持续做好日常监测和动态调控，落实好粮油肉蛋奶果蔬和大宗商品等保供稳价措施。

（三）创新消费业态和模式

适应常态化疫情防控需要，促进新型消费，加快线上线下消费有机融合，扩大升级信息消费，培育壮大智慧产品和智慧零售、智慧旅游、智慧广电、智慧养老、智慧家政、数字文化、智能体育、"互联网+医疗健康"、"互联网+托育"、"互联网+家装"等消费新业态。加强商业、文化、旅游、体育、健康、交通等消费跨界融合，积极拓展沉浸式、体验式、互动式消费新场景。有序引导网络直播等规范发展。深入开展国家电子商务示范基地和示范企业创建。深化服务领域东西协作，大力实施消费帮扶，助力中西部地区特别是欠发达地区提升发展能力和消费水平。

二、全面创新提质，着力稳住消费基本盘

（四）积极推进实物消费提质升级

加强农业和制造业商品质量、品牌和标准建设，推动品种培优、品质提升、品

牌打造和标准化生产。推进食用农产品承诺达标合格证制度。支持研发生产更多具有自主知识产权、引领科技和消费潮流、应用前景广阔的新产品新设备。畅通制造企业与互联网平台、商贸流通企业产销对接，鼓励发展反向定制（C2M）和个性化设计、柔性化生产。促进老字号创新发展，加强地理标志产品认定、管理和保护，培育更多本土特色品牌。

（五）加力促进健康养老托育等服务消费

深入发展多层次多样化医疗健康服务，积极发展中医医疗和养生保健等服务，促进医疗健康消费和防护用品消费提质升级。实施智慧助老行动，加快推进适老化改造和智能化产品开发，发展适合老年人消费的旅游、养生、健康咨询、生活照护、慢性病管理等产品和服务，支持开展省际旅居养老合作。加快构建普惠托育服务体系，支持社会力量提供多元化、规范化托育服务，引导市场主体开发更多安全健康的国产婴幼儿用品。

（六）持续拓展文化和旅游消费

推动中华优秀传统文化传承创新，促进出版、电影、广播电视等高质量发展。大力发展全域旅游，推动红色旅游、休闲度假旅游、工业旅游、旅游演艺等创新发展，促进非遗主题旅游发展。组织实施冰雪旅游发展行动计划。优化完善疫情防控措施，引导公园、景区、体育场馆、文博场馆等改善设施和服务条件，结合实际延长开放时间。鼓励城市群、都市圈等开发跨区域的文化和旅游年票、联票等。深入推进文化和旅游消费试点示范。积极落实带薪休假制度，促进带薪休假与法定节假日、周休日合理分布、均衡配置。

（七）大力发展绿色消费

增强全民节约意识，反对奢侈浪费和过度消费，形成简约适度、绿色低碳的生活方式和消费模式。推广绿色有机食品、农产品。倡导绿色出行，提高城市公共汽电车、轨道交通出行占比，推动公共服务车辆电动化。推动绿色建筑规模化发展，大力发展装配式建筑，积极推广绿色建材，加快建筑节能改造。支持新能源汽车加快发展。大力发展绿色家装，鼓励消费者更换或新购绿色节能家电、环保家具等家居产品。加快构建废旧物资循环利用体系，推动汽车、家电、家具、电池、电子产品等回收利用，适当放宽废旧物资回收车辆进城、进小区限制。推进商品包装和流通环节包装绿色化、减量化、循环化。开展促进绿色消费试点。广泛开展节约型机关、绿色家庭、绿色社区、绿色出行等创建活动。

(八) 充分挖掘县乡消费潜力

建立完善县域统筹，以县城为中心、乡镇为重点、村为基础的县域商业体系。深入实施"数商兴农"、"快递进村"和"互联网+"农产品出村进城等工程，进一步盘活供销合作社系统资源，引导社会资源广泛参与，促进渠道和服务下沉。鼓励和引导大型商贸流通企业、电商平台和现代服务企业向农村延伸，推动品牌消费、品质消费进农村。以汽车、家电为重点，引导企业面向农村开展促销，鼓励有条件的地区开展新能源汽车和绿色智能家电下乡，推进充电桩（站）等配套设施建设。提升乡村旅游、休闲农业、文化体验、健康养老、民宿经济、户外运动等服务环境和品质。

三、完善支撑体系，不断增强消费发展综合能力

(九) 推进消费平台健康持续发展

加快推进国际消费中心城市培育建设。积极建设一批区域消费中心，改善基础设施和服务环境，提升流通循环效率和消费承载力。支持有条件的地区依托自由贸易试验区等，与国（境）外机构合作建设涉外消费专区。鼓励各地区围绕商业、文化、旅游、体育等主题有序建设一批设施完善、业态丰富、健康绿色的消费集聚区，稳妥有序推进现有步行街设施改造和业态升级，积极发展智慧商圈。推动建设城市一刻钟便民生活圈，优化配置社区生活消费服务综合体。高水平办好"中国品牌日"、全国消费促进月等活动。支持各地区建立促消费常态化机制，培育一批特色活动品牌。持续办好中国国际进口博览会、中国进出口商品交易会、中国国际服务贸易交易会、中国国际消费品博览会。完善市内免税店政策，规划建设一批中国特色市内免税店。

(十) 加快健全消费品流通体系

进一步完善电子商务体系和快递物流配送体系，加强疫情防控措施跨区域相互

衔接，畅通物流大通道，加快构建覆盖全球、安全可靠、高效畅通的流通网络。支持智能快件箱（信包箱）、快递服务站进社区，加强末端环节及配套设施建设。加快发展冷链物流，完善国家骨干冷链物流基地设施条件，培育一批专业化生鲜冷链物流龙头企业。大力推广标准化冷藏车，鼓励企业研发应用适合果蔬等农产品的单元化包装，推动实现全程"不倒托""不倒箱"。健全进口冷链食品检验检疫制度，加快区块链技术在冷链物流智慧监测追溯系统建设中的应用，推动全链条闭环追溯管理，提高食品药品流通效率和安全水平。针对进口物品等可能引发的输入性疫情，严格排查入境、仓储、加工、运输、销售等环节，建立健全进口冻品集中监管制度，筑牢疫情外防输入防线。

（十一）增加就业收入提高消费能力

鼓励创业带动就业，支持各类劳动力市场、人才市场、零工市场建设，支持个体经营发展，增加非全日制就业机会，规范发展新就业形态，健全灵活就业劳动用工和社会保障政策。实施提升就业服务质量工程，加强困难人员就业帮扶，完善职业教育体系，开展大规模、多层次职业技能培训，加大普惠性人力资本投入力度。解决好高校毕业生等青年就业问题。健全工资决定、合理增长和支付保障机制，稳步提高劳动者工资性收入特别是城市工薪阶层、农民工收入水平，健全最低工资标准调整机制。接续推进乡村富民产业发展，落实和完善对农民直接补贴政策，拓宽乡村特别是脱贫地区农民稳定就业和持续增收渠道。

（十二）合理增加公共消费

健全常住地提供基本公共服务制度，合理确定保障标准。紧扣人民群众"急难愁盼"，多元扩大普惠性非基本公共服务供给。提高教育、医疗、养老、育幼等公共服务支出效率。完善长租房政策，扩大保障性租赁住房供给。支持缴存人提取住房公积金用于租赁住房，继续支持城镇老旧小区居民提取住房公积金用于加装电梯等自住住房改造。健全基本生活救助制度和专项救助制度，积极发展服务类社会救助，形成"物质+服务"的多样化综合救助方式。落实好社会救助和保障标准与物价上涨挂钩联动机制。

四、持续深化改革，全力营造安全放心诚信消费环境

（十三）破除限制消费障碍壁垒

破除一些重点服务消费领域的体制机制障碍和隐性壁垒，促进不同地区和行业标准、规则、政策协调统一，简化优化相关证照或证明办理流程手续。稳定增加汽车等大宗消费，各地区不得新增汽车限购措施，已实施限购的地区逐步增加汽车增量指标数量、放宽购车人员资格限制，鼓励除个别超大城市外的限购地区实施城区、郊区指标差异化政策，更多通过法律、经济和科技手段调节汽车使用，因地制宜逐步取消汽车限购，推动汽车等消费品由购买管理向使用管理转变。建立健全汽车改装行业管理机制，加快发展汽车后市场。全面取消二手车限迁政策，落实小型非营运二手车交易登记跨省通办措施。对皮卡车进城实施精细化管理，研究进一步放宽皮卡车进城限制。

（十四）健全消费标准体系

健全消费品质量标准体系，大力推动产品质量分级。完善节能和绿色制造标准体系、绿色产品认证标识体系以及平台经济、跨境电商、旅游度假、餐饮、养老、冷链物流等领域服务标准。推进第五代移动通信（5G）、物联网、云计算、人工智能、区块链、大数据等领域标准研制，加快超高清视频、互动视频、沉浸式视频、云游戏、虚拟现实、增强现实、可穿戴等技术标准预研，加强与相关应用标准的衔接配套。

（十五）加强消费领域执法监管

深入实施公平竞争政策，强化反垄断和反不正当竞争执法，加快建立健全全方位、多层次、立体化监管体系，防止资本无序扩张。加大对虚假宣传、仿冒混淆、制假售假、缺斤短两等违法行为的监管和处罚力度。全面加强跨地区、跨部门、全流程协同监管，压实生产、流通、销售等各环节监管责任。加快消费信用体系建设，推进信用分级分类监管，组织开展诚信计量示范活动，依法依规实施失信惩戒。加强价格监管，严厉打击低价倾销、价格欺诈等违法行为，严格规范平台经营者自主定价。继续加强消费质量安全监管，开展消费品质量合格率统计调查，加大缺陷

产品召回监管力度。加强重点服务领域质量监测评价。

（十六）全面加强消费者权益保护

大力开展放心消费创建活动。完善平台经济消费者权益保护规则。持续优化完善全国12315平台，充分发挥地方12345政务服务便民热线作用，进一步畅通消费者投诉举报渠道。建立完善消费投诉信息公示制度。进一步优化消费争议多元化解机制，不断提升在线消费纠纷解决机制效能。完善公益诉讼制度，探索建立消费者集体诉讼制度，全面推行消费争议先行赔付。广泛引导线下实体店积极开展无理由退货承诺。

五、强化保障措施，进一步夯实消费高质量发展基础

（十七）加强财税支持

统筹利用现有财政资金渠道，支持消费相关基础设施和服务保障能力建设，符合条件的项目可纳入地方政府专项债券支持范围，更好以投资带消费。完善政府绿色采购标准，加大绿色低碳产品采购力度。鼓励有条件的地区对绿色智能家电、绿色建材、节能产品等消费予以适当补贴或贷款贴息。研究进一步降低与人民生活密切相关、需求旺盛的优质消费品进口关税。

（十八）优化金融服务

引导银行机构积极发展普惠金融，探索将真实银行流水、第三方平台收款数据、预订派单数据等作为无抵押贷款授信审批参考依据，提高信用状况良好的中小微企业和消费者贷款可得性。推动商业银行、汽车金融公司、消费金融公司等提升金融服务能力。强化县域银行机构服务"三农"的激励约束机制，丰富农村消费信贷产品和服务，加大对农村商贸流通和居民消费的金融支持力度。引导金融机构在风险可控和商业可持续前提下丰富大宗消费金融产品。鼓励保险公司针对消费领域提供保险服务。规范互联网平台等涉及中小微企业、个体工商户金融服务的收费行为。

（十九）强化用地用房保障

加大土地、房屋节约集约和复合利用力度，鼓励经营困难的百货店、老旧厂区等改造为新型消费载体。鼓励通过先租后让、租让结合等方式为快递物流企业提供

土地。适应乡村旅游、民宿、户外运动营地及相关基础设施建设小规模用地需要，积极探索适宜供地方式，鼓励相关设施融合集聚建设。优化国有物业资源出租管理，适当延长租赁期限，更好满足超市、便利店等消费场所用地用房需求。支持利用社区存量房产、闲置房屋等建设便民网点。允许有条件的社区利用周边空闲土地或划定的特定空间有序发展旧货市场。

（二十）压实各方责任

国家发展改革委、商务部等有关部门要充分发挥完善促进消费体制机制部际联席会议制度作用，强化协同联动，加强督办落实。国家统计局要完善服务消费统计监测，建立健全网络消费等消费新业态新模式统计体系。各地区要加强组织领导，完善配套方案，切实推动本意见提出的各项任务措施落地见效。

国务院办公厅
2022 年 4 月 20 日

国家发展改革委等部门关于印发《促进绿色消费实施方案》的通知

【发布单位】国家发展改革委、工业和信息化部、住房和城乡建设部、商务部、市场监管总局、国管局、中直管理局

【发文字号】发改就业〔2022〕107号

【发布日期】2022年1月18日

中央和国家机关有关部门、有关直属机构，全国总工会、全国妇联，各省、自治区、直辖市及计划单列市、新疆生产建设兵团发展改革委、工业和信息化主管部门、住房和城乡建设厅（委、管委、局）、商务主管部门、市场监管局（厅、委）、机关事务管理局：

为深入贯彻落实《中共中央 国务院关于完整准确全面贯彻新发展理念做好碳达峰碳中和工作的意见》和《2030年前碳达峰行动方案》有关要求，根据碳达峰碳中和工作领导小组部署安排，国家发展改革委、工业和信息化部、住房和城乡建设部、商务部、市场监管总局、国管局、中直管理局会同有关部门研究制定了《促进绿色消费实施方案》。现印发给你们，请结合实际，认真抓好贯彻落实。

国家发展改革委
工业和信息化部
住房和城乡建设部
商务部
市场监管总局
国管局
中直管理局
2022年1月18日

附件：

《促进绿色消费实施方案》

绿色消费是各类消费主体在消费活动全过程贯彻绿色低碳理念的消费行为。近年来，我国促进绿色消费工作取得积极进展，绿色消费理念逐步普及，但绿色消费需求仍待激发和释放，一些领域依然存在浪费和不合理消费，促进绿色消费长效机制尚需完善，绿色消费对经济高质量发展的支撑作用有待进一步提升。促进绿色消费是消费领域的一场深刻变革，必须在消费各领域全周期全链条全体系深度融入绿色理念，全面促进消费绿色低碳转型升级，这对贯彻新发展理念、构建新发展格局、推动高质量发展、实现碳达峰碳中和目标具有重要作用，意义十分重大。按照《中共中央 国务院关于完整准确全面贯彻新发展理念做好碳达峰碳中和工作的意见》和《2030年前碳达峰行动方案》有关要求，制定本方案。

一、总体要求

（一）指导思想

以习近平新时代中国特色社会主义思想为指导，全面贯彻党的十九大和十九届历次全会精神，深入贯彻习近平生态文明思想，落实立足新发展阶段、贯彻新发展理念、构建新发展格局的要求，面向碳达峰、碳中和目标，大力发展绿色消费，增强全民节约意识，反对奢侈浪费和过度消费，扩大绿色低碳产品供给和消费，完善有利于促进绿色消费的制度政策体系和体制机制，推进消费结构绿色转型升级，加快形成简约适度、绿色低碳、文明健康的生活方式和消费模式，为推动高质量发展和创造高品质生活提供重要支撑。

（二）工作原则

坚持系统推进。全面推动吃、穿、住、行、用、游等各领域消费绿色转型，统筹兼顾消费与生产、流通、回收、再利用各环节顺畅衔接，强化科技、服务、制度、政策等全方位支撑，实现系统化节约减损和节能降碳。

坚持重点突破。牢牢把握目标导向和问题导向，聚焦消费重点领域、重点产品和主要矛盾、突出问题，加强改革创新、攻坚克难和试点示范，鼓励有条件的地区和行业先行先试、探索经验。

坚持社会共治。充分发挥市场机制作用，更好发挥政府作用，着力调动社会各方面积极性主动性创造性，努力形成政府大力促进、企业积极自律、社会全面协同、公众广泛参与的共治格局，凝聚工作合力，形成全社会共同参与的良好风尚。

坚持激励约束并举。紧扣绿色低碳目标，深化完善消费领域相关法律、标准、统计等制度体系，优化创新财政、金融、价格、信用、监管等政策措施，形成有效激励约束机制。

(三) 主要目标

到 2025 年，绿色消费理念深入人心，奢侈浪费得到有效遏制，绿色低碳产品市场占有率大幅提升，重点领域消费绿色转型取得明显成效，绿色消费方式得到普遍推行，绿色低碳循环发展的消费体系初步形成。

到 2030 年，绿色消费方式成为公众自觉选择，绿色低碳产品成为市场主流，重点领域消费绿色低碳发展模式基本形成，绿色消费制度政策体系和体制机制基本健全。

二、全面促进重点领域消费绿色转型

(四) 加快提升食品消费绿色化水平

完善粮食、蔬菜、水果等农产品生产、储存、运输、加工标准，加强节约减损管理，提升加工转化率。大力推广绿色有机食品、农产品。引导消费者树立文明健康的食品消费观念，合理、适度采购、储存、制作食品和点餐、用餐。建立健全餐饮行业相关标准和服务规范，鼓励"种植基地+中央厨房"等新模式发展，督促餐饮企业、餐饮外卖平台落实好反食品浪费的法律法规和要求，推动餐饮持续向绿色、健康、安全和规模化、标准化、规范化发展。加强对食品生产经营者反食品浪费情况的监督。推动各类机关、企事业单位、学校等建立健全食堂用餐管理制度，制定实施防止食品浪费措施。加强接待、会议、培训等活动的用餐管理，杜绝用餐浪费，机关事业单位要带头落实。深入开展"光盘"等粮食节约行动。推进厨余垃圾回收处置和资源化利用。加强食品绿色消费领域科学研究和平台支撑。把节粮减损、文明餐桌等要求融入市民公约、村规民约、行业规范等。（国家发展改革委、教育部、工业和信息化部、民政部、农业农村部、商务部、国务院国资委、市场监管总局、国家粮食和储备局等部门按职责分工负责）

（五）鼓励推行绿色衣着消费

推广应用绿色纤维制备、高效节能印染、废旧纤维循环利用等装备和技术，提高循环再利用化学纤维等绿色纤维使用比例，提供更多符合绿色低碳要求的服装。推动各类机关、企事业单位、学校等更多采购具有绿色低碳相关认证标识的制服、校服。倡导消费者理性消费，按照实际需要合理、适度购买衣物。规范旧衣公益捐赠，鼓励企业和居民通过慈善组织向有需要的困难群众依法捐赠合适的旧衣物。鼓励单位、小区、服装店等合理布局旧衣回收点，强化再利用。支持开展废旧纺织品服装综合利用示范基地建设。（国家发展改革委、教育部、工业和信息化部、民政部、住房和城乡建设部、商务部、国务院国资委等部门按职责分工负责）

（六）积极推广绿色居住消费

加快推动绿色建筑、低碳建筑规模化发展，将节能环保要求纳入老旧小区改造。推进农房节能改造和绿色农房建设。因地制宜推进清洁取暖设施建设改造。全面推广绿色低碳建材，推动建筑材料循环利用，鼓励有条件的地区开展绿色低碳建材下乡活动。大力发展绿色家装。鼓励使用节能灯具、节能环保灶具、节水马桶等节能节水产品。倡导合理控制室内温度、亮度和电器设备使用。持续推进农村地区清洁取暖，提升农村用能电气化水平，加快生物质能、太阳能等可再生能源在农村生活中的应用。（国家发展改革委、工业和信息化部、自然资源部、住房和城乡建设部、农业农村部、市场监管总局、国家能源局等部门按职责分工负责）

（七）大力发展绿色交通消费

大力推广新能源汽车，逐步取消各地新能源车辆购买限制，推动落实免限行、路权等支持政策，加强充换电、新型储能、加氢等配套基础设施建设，积极推进车船用LNG发展。推动开展新能源汽车换电模式应用试点工作，有序开展燃料电池汽车示范应用。深入开展新能源汽车下乡活动,鼓励汽车企业研发推广适合农村居民出行需要、质优价廉、先进适用的新能源汽车,推动健全农村运维服务体系。合理引导消费者购买轻量化、小型化、低排放乘用车。大力推动公共领域车辆电动化,提高城市公交、出租(含网约车)、环卫、城市物流配送、邮政快递、民航机场以及党政机关公务领域等新能源汽车应用占比。深入开展公交都市建设,打造高效衔接、快捷舒适的公共交通服务体系,进一步提高城市公共汽电车、轨道交通出行占比。鼓励建设行人友好型城市,加强行人步道和自行车专用道等城市慢行系统建设。鼓励共享单车规范发展。(国家发展改革委、工业和信息化部、住房和城乡建设部、交通运输部、商务部、市场监管总局、国家能源局、国家邮政局等部门按职责分工负责)

(八)全面促进绿色用品消费

加强绿色低碳产品质量和品牌建设。鼓励引导消费者更换或新购绿色节能家电、环保家具等家居产品。大力推广智能家电,通过优化开关时间、错峰启停,减少非必要耗能,参与电网调峰。推动电商平台和商场、超市等流通企业设立绿色低碳产品销售专区,在大型促销活动中设置绿色低碳产品专场,积极推广绿色低碳产品。鼓励有条件的地区开展节能家电、智能家电下乡行动。大力发展高质量、高技术、高附加值的绿色低碳产品贸易,积极扩大绿色低碳产品进口。推进过度包装治理,推动生产经营者遵守限制商品过度包装的强制性标准,实施减色印刷,逐步实现商品包装绿色化、减量化和循环化。建立健全一次性塑料制品使用、回收情况报告制度,督促指导商品零售场所开办单位、电子商务平台企业、快递企业和外卖企业等落实主体责任。(国家发展改革委、工业和信息化部、商务部、市场监管总局、国家邮政局等部门按职责分工负责)

(九)有序引导文化和旅游领域绿色消费

制定大型活动绿色低碳展演指南,引导优先使用绿色环保型展台、展具和展装,加强绿色照明等节能技术在灯光舞美领域应用,大幅降低活动现场声光电和物品的污染、消耗。完善机场、车站、码头等游客集聚区域与重点景区景点交通转换条件,推进骑行专线、登山步道等建设,鼓励引导游客采取步行、自行车和公共交通等低碳出行方式。将绿色设计、节能管理、绿色服务等理念融入景区运营，降低对资源和环境消耗，实现景区资源高效、循环利用。促进乡村旅游消费健康发展，严格限制林区耕地湿地等占用和过度开发，保护自然碳汇。制定发布绿色旅游消费公约或指南，加强公益宣传，规范引导景区、旅行社、游客等践行绿色旅游消费。（国家发展改革委、自然资源部、生态环境部、交通运输部、商务部、文化和旅游部等部门按职责分工负责）

（十）进一步激发全社会绿色电力消费潜力

落实新增可再生能源和原料用能不纳入能源消费总量控制要求，统筹推动绿色电力交易、绿证交易。引导用户签订绿色电力交易合同，并在中长期交易合同中单列。鼓励行业龙头企业、大型国有企业、跨国公司等消费绿色电力，发挥示范带动作用，推动外向型企业较多、经济承受能力较强的地区逐步提升绿色电力消费比例。加强高耗能企业使用绿色电力的刚性约束，各地可根据实际情况制定高耗能企业电力消费中绿色电力最低占比。各地应组织电网企业定期梳理、公布本地绿色电力时段分布，有序引导用户更多消费绿色电力。在电网保供能力许可的范围内，对消费绿色电力比例较高的用户在实施需求侧管理时优先保障。建立绿色电力交易与可再生能源消纳责任权重挂钩机制，市场化用户通过购买绿色电力或绿证完成可再生能源消纳责任权重。加强与碳排放权交易的衔接，结合全国碳市场相关行业核算报告技术规范的修订完善，研究在排放量核算中将绿色电力相关碳排放量予以扣减的可行性。持续推动智能光伏创新发展，大力推广建筑光伏应用，加快提升居民绿色电力消费占比。（国家发展改革委、工业和信息化部、生态环境部、住房和城乡建设部、国务院国资委、国家能源局等部门按职责分工负责）

（十一）大力推进公共机构消费绿色转型

推动国家机关、事业单位、团体组织类公共机构率先采购使用新能源汽车，新建和既有停车场配备电动汽车充电设施或预留充电设施安装条件。积极推行绿色办公，提高办公设备和资产使用效率，鼓励无纸化办公和双面打印，鼓励使用再生制品。严格执行党政机关厉行节约反对浪费条例，确保各类公务活动规范开支，提高视频会议占比，严格公务用车管理。鼓励和推动文明、节俭举办活动。（国家发展

改革委、财政部、住房和城乡建设部、国管局等部门按职责分工负责）

三、强化绿色消费科技和服务支撑

（十二）推广应用先进绿色低碳技术

引导企业提升绿色创新水平，积极研发和引进先进适用的绿色低碳技术，大力推行绿色设计和绿色制造，生产更多符合绿色低碳要求、生态环境友好、应用前景广阔的新产品新设备，扩大绿色低碳产品供给。推广低挥发性有机物含量产品生产、使用。加强低碳零碳负碳技术、智能技术、数字技术等研发推广和转化应用，提升餐饮、居住、交通、物流和商品生产等领域智慧化水平和运行效率。（国家发展改革委、科技部、工业和信息化部、生态环境部、住房和城乡建设部、交通运输部、商务部、国家邮政局等部门按职责分工负责）

（十三）推动产供销全链条衔接畅通

推行涵盖上中下游各主体、产供销各环节的全生命周期绿色供应链制度体系，推动电子商务、商贸流通等绿色创新和转型，带动上游供应商和服务商生产领域绿色化改造，鼓励下游企业、商户和居民自觉开展绿色采购，激发全社会生产和消费绿色低碳产品和服务的内生动力。鼓励国有企业率先推进绿色供应链转型。（国家发展改革委、工业和信息化部、商务部、国务院国资委等部门按职责分工负责）

（十四）加快发展绿色物流配送

积极推广绿色快递包装，引导电商企业、快递企业优先选购使用获得绿色认证的快递包装产品，促进快递包装绿色转型。鼓励企业使用商品和物流一体化包装，更多采用原箱发货，大幅减少物流环节二次包装。推广应用低克重高强度快递包装纸箱、免胶纸箱、可循环配送箱等快递包装新产品，鼓励通过包装结构优化减少填充物使用。加快城乡物流配送体系和快递公共末端设施建设，完善农村配送网络，创新绿色低碳、集约高效的配送模式，大力发展集中配送、共同配送、夜间配送。（国家发展改革委、交通运输部、商务部、市场监管总局、国家邮政局等部门按职责分工负责）

（十五）拓宽闲置资源共享利用和二手交易渠道

有序发展出行、住宿、货运等领域共享经济，鼓励闲置物品共享交换。积极发展二手车经销业务，推动落实全面取消二手车限迁政策，进一步扩大二手车流通。积极发展家电、消费电子产品和服装等二手交易，优化交易环境。允许有条件的地区在社区周边空闲土地或划定的特定空间有序发展旧货市场，鼓励社区定期组织二手商品交易活动，促进辖区内居民家庭闲置物品交易和流通。规范开展二手商品在线交易，加强信用和监管体系建设，完善交易纠纷解决规则。鼓励二手检测中心、第三方评测实验室等配套发展。（国家发展改革委、公安部、自然资源部、交通运输部、商务部、市场监管总局等部门按职责分工负责）

（十六）构建废旧物资循环利用体系

将废旧物资回收设施、报废机动车回收拆解经营场地等纳入相关规划，保障合理用地需求，统筹推进废旧物资回收网点与生活垃圾分类网点"两网融合"，合理布局、规范建设回收网络体系。放宽废旧物资回收车辆进城、进小区限制并规范管理，保障合理路权。积极推行"互联网+回收"模式。加强废旧家电、消费电子等耐用消费品回收处理，鼓励家电生产企业开展回收目标责任制行动。因地制宜完善乡村回收网络，推动城乡废旧物资循环利用体系一体化发展。推动再生资源规模化、规范化、清洁化利用，促进再生资源产业集聚发展。加强废弃电器电子产品、报废机动车、报废船舶、废铅蓄电池等拆解利用企业规范管理和环境监管，依法查处违法违规行为。稳步推进"无废城市"建设。（国家发展改革委、工业和信息化部、公安部、自然资源部、生态环境部、住房和城乡建设部、农业农村部、商务部等部门按职责分工负责）

四、建立健全绿色消费制度保障体系

（十七）加快健全法律制度

研究论证绿色消费相关法律法规，倡导遵循减量化、再利用、资源化三原则，清晰界定围绕绿色消费所进行的采购、制造、流通、使用、回收、处理等各环节要求，明确政府、企业、社会组织、消费者等各主体责任义务。推进修订《招标投标法》和《政府采购法》，完善绿色采购政策。（国家发展改革委、工业和信息化部、司法部、财政部、商务部等部门按职责分工负责）

(十八）优化完善标准认证体系

进一步完善并强化绿色低碳产品和服务标准、认证、标识体系，加强与国际标准衔接，大力提升绿色标识产品和绿色服务市场认可度和质量效益。健全绿色能源消费认证标识制度，引导提高绿色能源在居住、交通、公共机构等终端能源消费中的比重。完善绿色设计和绿色制造标准体系，加快节能标准更新升级，提升重点产品能耗限额要求，大力淘汰低能效产品。制定重点行业和产品温室气体排放标准，探索建立重点产品全生命周期碳足迹标准。制修订工业原辅材料和居民消费品挥发性有机物限量标准。完善并落实好水效等"领跑者"制度和标准，引领带动产品和服务持续提升绿色化水平。（国家发展改革委、工业和信息化部、生态环境部、农业农村部、商务部、市场监管总局、国家能源局等部门按职责分工负责）

（十九）探索建立统计监测评价体系

探索建立绿色消费统计制度，加强对绿色消费的数据收集、统计监测和分析预测。研究建立综合与分类相结合的绿色消费指数和评价指标体系，科学评价不同地区、不同领域绿色消费水平和发展变化情况。（国家发展改革委、国家统计局等部门按职责分工负责）

（二十）推动建立绿色消费信息平台

探索搭建专门性的绿色消费指导机构和全国统一的绿色消费信息平台，统筹指导并定期发布绿色低碳产品清单和购买指南，提高绿色低碳产品生产和消费透明度，引导并便利机构、消费者等选择和采购。（国家发展改革委、商务部、市场监管总局等部门按职责分工负责）

五、完善绿色消费激励约束政策

（二十一）增强财政支持精准性

完善政府绿色采购标准，加大绿色低碳产品采购力度，扩大绿色低碳产品采购范围，提升绿色低碳产品在政府采购中的比例。落实和完善资源综合利用税收优惠政策，更好发挥税收对市场主体绿色低碳发展的促进作用。鼓励有条件的地区对智能家电、绿色建材、节能低碳产品等消费品予以适当补贴或贷款贴息。（国家发展

改革委、工业和信息化部、财政部、商务部、税务总局等部门按职责分工负责）

（二十二）加大金融支持力度

引导银行保险机构规范发展绿色消费金融服务，推动消费金融公司绿色业务发展，为生产、销售、购买绿色低碳产品的企业和个人提供金融服务，提升金融服务的覆盖面和便利性。稳步扩大绿色债券发行规模，鼓励金融机构和非金融企业发行绿色债券，更好地为绿色低碳技术产品认证和推广等提供服务支持。鼓励社会资本以市场化方式设立绿色消费相关基金。鼓励开发新能源汽车保险产品，鼓励保险公司为绿色建筑提供保险保障。（国家发展改革委、财政部、人民银行、银保监会、证监会等部门按职责分工负责）

（二十三）充分发挥价格机制作用

进一步完善居民用水、用电、用气阶梯价格制度。完善分时电价政策，有效拉大峰谷价差和浮动幅度，引导用户错峰储能和用电。逐步扩大新能源车和传统燃料车辆使用成本梯度。完善城市公共交通运输价格形成机制，综合考虑城市承载能力、企业运营成本和交通供求状况，建立多层次、差别化的价格体系，增强公共交通吸引力。探索实行有利于缓解城市交通拥堵、有效促进公共交通优先发展的停车收费政策。建立健全餐饮企业厨余垃圾计量收费机制，逐步实行超定额累进加价。建立健全城镇生活垃圾处理收费制度，逐步实行分类计价和计量收费。鼓励有条件的地方建立农村生活污水和生活垃圾处理收费制度。（国家发展改革委牵头，工业和信息化部、生态环境部、住房和城乡建设部、交通运输部、农业农村部、国家能源局等部门按职责分工负责）

（二十四）推广更多市场化激励措施

探索实施全国绿色消费积分制度，鼓励地方结合实际建立本地绿色消费积分制度，以兑换商品、折扣优惠等方式鼓励绿色消费。鼓励各类销售平台制定绿色低碳产品消费激励办法，通过发放绿色消费券、绿色积分、直接补贴、降价降息等方式激励绿色消费。鼓励行业协会、平台企业、制造企业、流通企业等共同发起绿色消费行动计划，推出更丰富的绿色低碳产品和绿色消费场景。鼓励市场主体通过以旧换新、抵押金等方式回收废旧物品。（国家发展改革委、工业和信息化部、商务部、

市场监管总局等部门按职责分工负责)

(二十五)强化对违法违规等行为处罚约束

发展针对绿色低碳产品的质量安全责任保障,严厉打击虚标绿色低碳产品行为,有关行政处罚等信息纳入全国信用信息共享平台和国家企业信用信息公示系统。严格依法处罚生产、销售列入淘汰名录的产品、设备行为。完善短视频直播、直播带货等网络直播标准,进一步规范直播行为,严厉打击虚假广告、虚假宣传、数据流量造假等违法违规和不良行为,禁止欺骗、误导消费者消费,遏制诱导消费者过度消费,倡导理性、健康的直播文化。(中央网信办、国家发展改革委、工业和信息化部、商务部、市场监管总局、广电总局等部门按职责分工负责)

六、组织实施

(二十六)加强组织领导

把加强党的全面领导贯穿促进绿色消费各方面和全过程。各地区要切实承担主体责任,结合实际抓紧抓好贯彻落实,不断完善体制机制和政策支持体系。各有关部门要积极按照职能分工加强协同配合,努力形成政策和工作合力,扎实推进各项任务。国家发展改革委要加强统筹协调和督促指导,充分发挥完善促进消费体制机制部际联席会议制度作用,会同相关部门统筹推进本方案组织实施。(国家发展改革委等有关部门按职责分工负责)

(二十七)开展试点示范

组织开展促进绿色消费试点示范工作,鼓励具备条件的重点地区、重点行业、重点企业先行先试、走在前列,积极探索有效模式和有益经验。广泛开展创建节约型机关、绿色家庭、绿色社区、绿色出行等行动。(国家发展改革委、民政部、住房和城乡建设部、交通运输部、国管局、中直管理局、全国妇联等部门按职责分工负责)

(二十八)强化宣传教育

弘扬勤俭节约等中华优秀传统文化,培育全民绿色消费意识和习惯,厚植绿色消费社会文化基础。推进绿色消费宣传教育进机关、进学校、进企业、进社区、进农村、进家庭，引导职工、学生和居民开展节粮、节水、节电、绿色出行、绿色购物等绿色消费实践。综合运用报纸、电视、广播、网络、微博、微信等各类媒介，探索采取群众喜闻乐见的形式，加大绿色消费公益宣传，及时、准确、生动地向社会公众和企业做好政策宣传解读，切实提高政策知晓度。（中央宣传部、国家发展改革委、教育部、民政部、农业农村部、商务部、国务院国资委、市场监管总局、广电总局、国管局、中直管理局、全国总工会、全国妇联等部门按职责分工负责）

（二十九）注重经验推广

及时总结推广各地区各有关部门和市场主体促进绿色消费的好经验好做法，探索编制绿色消费发展年度报告。持续开展全国节能宣传周、全国低碳日、六五环境日等活动，鼓励地方政府和社会机构组织举办以绿色消费为主题的论坛、展览等活动，助力绿色消费理念、经验、政策等的研讨、交流与传播，促进绿色低碳产品和服务推广使用。（国家发展改革委、生态环境部等部门按职责分工负责）

中共中央 国务院关于加快建设全国统一大市场的意见

（2022年3月25日）

建设全国统一大市场是构建新发展格局的基础支撑和内在要求。为从全局和战略高度加快建设全国统一大市场，现提出如下意见。

一、总体要求

（一）指导思想

以习近平新时代中国特色社会主义思想为指导，全面贯彻党的十九大和十九届历次全会精神，弘扬伟大建党精神，坚持稳中求进工作总基调，完整、准确、全面贯彻新发展理念，加快构建新发展格局，全面深化改革开放，坚持创新驱动发展，推动高质量发展，坚持以供给侧结构性改革为主线，以满足人民日益增长的美好生活需要为根本目的，统筹发展和安全，充分发挥法治的引领、规范、保障作用，加快建立全国统一的市场制度规则，打破地方保护和市场分割，打通制约经济循环的关键堵点，促进商品要素资源在更大范围内畅通流动，加快建设高效规范、公平竞争、充分开放的全国统一大市场，全面推动我国市场由大到强转变，为建设高标准市场体系、构建高水平社会主义市场经济体制提供坚强支撑。

（二）工作原则

——立足内需，畅通循环。以高质量供给创造和引领需求，使生产、分配、流通、消费各环节更加畅通，提高市场运行效率，进一步巩固和扩展市场资源优势，使建设超大规模的国内市场成为一个可持续的历史过程。

——立破并举，完善制度。从制度建设着眼，明确阶段性目标要求，压茬推进统一市场建设，同时坚持问题导向，着力解决突出矛盾和问题，加快清理废除妨碍统一市场和公平竞争的各种规定和做法,破除各种封闭小市场、自我小循环。

——有效市场,有为政府。坚持市场化、法治化原则,充分发挥市场在资源配置中的决定性作用,更好发挥政府作用,强化竞争政策基础地位,加快转变政府职能,用足用好超大规模市场优势,让需求更好地引领优化供给,让供给更好地服务扩大需求,以统一大市场集聚资源、推动增长、激励创新、优化分工、促进竞争。

——系统协同,稳妥推进。不断提高政策的统一性、规则的一致性、执行的协同性,科学把握市场规模、结构、组织、空间、环境和机制建设的步骤与进度,坚持放管结合、放管并重,提升政府监管效能,增强在开放环境中动态维护市场稳定、经济安全的能力,有序扩大统一大市场的影响力和辐射力。

(三) 主要目标

——持续推动国内市场高效畅通和规模拓展。发挥市场促进竞争、深化分工等优势,进一步打通市场效率提升、劳动生产率提高、居民收入增加、市场主体壮大、供给质量提升、需求优化升级之间的通道,努力形成供需互促、产销并进、畅通高效的国内大循环,扩大市场规模容量,不断培育发展强大国内市场,保持和增强对全球企业、资源的强大吸引力。

——加快营造稳定公平透明可预期的营商环境。以市场主体需求为导向,力行简政之道,坚持依法行政,公平公正监管,持续优化服务,加快打造市场化法治化国际化营商环境。充分发挥各地区比较优势,因地制宜为各类市场主体投资兴业营造良好生态。

——进一步降低市场交易成本。发挥市场的规模效应和集聚效应,加强和改进反垄断反不正当竞争执法司法,破除妨碍各种生产要素市场化配置和商品服务流通的体制机制障碍,降低制度性交易成本。促进现代流通体系建设,降低全社会流通成本。

——促进科技创新和产业升级。发挥超大规模市场具有丰富应用场景和放大创新收益的优势,通过市场需求引导创新资源有效配置,促进创新要素有序流动和合理配置,完善促进自主创新成果市场化应用的体制机制,支撑科技创新和新兴产业发展。

——培育参与国际竞争合作新优势。以国内大循环和统一大市场为支撑,有效利用全球要素和市场资源,使内市场与国际市场更好联通。推动制度型开放,增强在全球产业链供应链创新链中的影响力,提升在国际经济治理中的话语权。

二、强化市场基础制度规则统一

(四)完善统一的产权保护制度

完善依法平等保护各种所有制经济产权的制度体系。健全统一规范的涉产权纠纷案件执法司法体系,强化执法司法部门协同,进一步规范执法领域涉产权强制措施规则和程序,进一步明确和统一行政执法、司法裁判标准,健全行政执法与刑事司法双向衔接机制,依法保护企业产权及企业家人身财产安全。推动知识产权诉讼制度创新,完善知识产权法院跨区域管辖制度,畅通知识产权诉讼与仲裁、调解的对接机制。

(五)实行统一的市场准入制度

严格落实"全国一张清单"管理模式,严禁各地区各部门自行发布具有市场准入性质的负面清单,维护市场准入负面清单制度的统一性、严肃性、权威性。研究完善市场准入效能评估指标,稳步开展市场准入效能评估。依法开展市场主体登记注册工作,建立全国统一的登记注册数据标准和企业名称自主申报行业字词库,逐步实现经营范围登记的统一表述。制定全国通用性资格清单,统一规范评价程序及管理办法,提升全国互通互认互用效力。

(六)维护统一的公平竞争制度

坚持对各类市场主体一视同仁、平等对待。健全公平竞争制度框架和政策实施机制,建立公平竞争政策与产业政策协调保障机制,优化完善产业政策实施方式。健全反垄断法律规则体系,加快推动修改反垄断法、反不正当竞争法,完善公平竞争审查制度,研究重点领域和行业性审查规则,健全审查机制,统一审查标准,规范审查程序,提高审查效能。

(七)健全统一的社会信用制度

编制出台全国公共信用信息基础目录,完善信用信息标准,建立公共信用信息同金融信息共享整合机制,形成覆盖全部信用主体、所有信用信息类别、全国所有区域的信用信息网络。建立健全以信用为基础的新型监管机制,全面推广信用承诺制度，建立企业信用状况综合评价体系，以信用风险为导向优化配置监管资源，依法依规编制出台全国失信惩戒措施基础清单。健全守信激励和失信惩戒机制，将失信惩戒和惩治腐败相结合。完善信用修复机制。加快推进社会信用立法。

三、推进市场设施高标准联通

（八）建设现代流通网络

优化商贸流通基础设施布局，加快数字化建设，推动线上线下融合发展，形成更多商贸流通新平台新业态新模式。推动国家物流枢纽网络建设，大力发展多式联运，推广标准化托盘带板运输模式。大力发展第三方物流，支持数字化第三方物流交付平台建设，推动第三方物流产业科技和商业模式创新，培育一批有全球影响力的数字化平台企业和供应链企业，促进全社会物流降本增效。加强应急物流体系建设，提升灾害高风险区域交通运输设施、物流站点等设防水平和承灾能力，积极防范粮食、能源等重要产品供应短缺风险。完善国家综合立体交通网，推进多层次一体化综合交通枢纽建设，推动交通运输设施跨区域一体化发展。建立健全城乡融合、区域联通、安全高效的电信、能源等基础设施网络。

（九）完善市场信息交互渠道

统一产权交易信息发布机制，实现全国产权交易市场联通。优化行业公告公示等重要信息发布渠道，推动各领域市场公共信息互通共享。优化市场主体信息公示，便利市场主体信息互联互通。推进同类型及同目的信息认证平台统一接口建设，完善接口标准，促进市场信息流动和高效使用。依法公开市场主体、投资项目、产量、产能等信息，引导供需动态平衡。

（十）推动交易平台优化升级

深化公共资源交易平台整合共享，研究明确各类公共资源交易纳入统一平台体系的标准和方式。坚持应进必进的原则要求，落实和完善"管办分离"制度，将公共资源交易平台覆盖范围扩大到适合以市场化方式配置的各类公共资源，加快推进公共资源交易全流程电子化，积极破除公共资源交易领域的区域壁垒。加快推动商品市场数字化改造和智能化升级，鼓励打造综合性商品交易平台。加快推进大宗商品期现货市场建设，不断完善交易规则。鼓励交易平台与金融机构、中介机构合作，依法发展涵盖产权界定、价格评估、担保、保险等业务的综合服务体系。

四、打造统一的要素和资源市场

（十一）健全城乡统一的土地和劳动力市场

统筹增量建设用地与存量建设用地，实行统一规划，强化统一管理。完善城乡建设用地增减挂钩节余指标、补充耕地指标跨区域交易机制。完善全国统一的建设用地使用权转让、出租、抵押二级市场。健全统一规范的人力资源市场体系，促进劳动力、人才跨地区顺畅流动。完善财政转移支付和城镇新增建设用地规模与农业转移人口市民化挂钩政策。

（十二）加快发展统一的资本市场

统一动产和权利担保登记，依法发展动产融资。强化重要金融基础设施建设与统筹监管，统一监管标准，健全准入管理。选择运行安全规范、风险管理能力较强的区域性股权市场，开展制度和业务创新试点，加强区域性股权市场和全国性证券市场板块间的合作衔接。推动债券市场基础设施互联互通，实现债券市场要素自由流动。发展供应链金融，提供直达各流通环节经营主体的金融产品。加大对资本市场的监督力度，健全权责清晰、分工明确、运行顺畅的监管体系，筑牢防范系统性金融风险安全底线。坚持金融服务实体经济，防止脱实向虚。为资本设置"红绿灯"，防止资本无序扩张。

（十三）加快培育统一的技术和数据市场

建立健全全国性技术交易市场，完善知识产权评估与交易机制，推动各地技术交易市场互联互通。完善科技资源共享服务体系，鼓励不同区域之间科技信息交流互动，推动重大科研基础设施和仪器设备开放共享，加大科技领域国际合作力度。加快培育数据要素市场，建立健全数据安全、权利保护、跨境传输管理、交易流通、开放共享、安全认证等基础制度和标准规范，深入开展数据资源调查，推动数据资源开发利用。

（十四）建设全国统一的能源市场

在有效保障能源安全供应的前提下，结合实现碳达峰碳中和目标任务，有序推进全国能源市场建设。在统筹规划、优化布局基础上，健全油气期货产品体系，规范油气交易中心建设，优化交易场所、交割库等重点基础设施布局。推动油气管网设施互联互通并向各类市场主体公平开放。稳妥推进天然气市场化改革，加快建立统一的天然气能量计量计价体系。健全多层次统一电力市场体系，研究推动适时组建全国电力交易中心。进一步发挥全国煤炭交易中心作用，推动完善全国统一的煤炭交易市场。

（十五）培育发展全国统一的生态环境市场

依托公共资源交易平台，建设全国统一的碳排放权、用水权交易市场，实行统一规范的行业标准、交易监管机制。推进排污权、用能权市场化交易，探索建立初始分配、有偿使用、市场交易、纠纷解决、配套服务等制度。推动绿色产品认证与标识体系建设，促进绿色生产和绿色消费。

五、推进商品和服务市场高水平统一

（十六）健全商品质量体系

建立健全质量分级制度，广泛开展质量管理体系升级行动，加强全供应链、全产业链、产品全生命周期管理。深化质量认证制度改革，支持社会力量开展检验检测业务，探索推进计量区域中心、国家产品质量检验检测中心建设，推动认证结果跨行业跨区域互通互认。推动重点领域主要消费品质量标准与国际接轨，深化质量认证国际合作互认，实施产品伤害监测和预防干预，完善质量统计监测体系。推进内外贸产品同线同标同质。进一步巩固拓展中国品牌日活动等品牌发展交流平台，提高中国品牌影响力和认知度。

（十七）完善标准和计量体系

优化政府颁布标准与市场自主制定标准结构，对国家标准和行业标准进行整合精简。强化标准验证、实施、监督，健全现代流通、大数据、人工智能、区块链、第五代移动通信（5G）、物联网、储能等领域标准体系。深入开展人工智能社会实验，推动制定智能社会治理相关标准。推动统一智能家居、安防等领域标准，探索建立智能设备标识制度。加快制定面部识别、指静脉、虹膜等智能化识别系统的全国统一标准和安全规范。紧贴战略性新兴产业、高新技术产业、先进制造业等重点领域需求，突破一批关键测量技术，研制一批新型标准物质，不断完善国家计量体系。促进内外资企业公平参与我国标准化工作，提高标准制定修订的透明度和开放度。开展标准、计量等国际交流合作。加强标准必要专利国际化建设，积极参与并推动国际知识产权规则形成。

（十八）全面提升消费服务质量

改善消费环境，强化消费者权益保护。加快完善并严格执行缺陷产品召回制度，推动跨国跨地区经营的市场主体为消费者提供统一便捷的售后服务，进一步畅通商品异地、异店退换货通道，提升消费者售后体验。畅通消费者投诉举报渠道，优化消费纠纷解决流程与反馈机制，探索推进消费者权益保护工作部门间衔接联动机制。建立完善消费投诉信息公示制度，促进消费纠纷源头治理。完善服务市场预付式消费管理办法。围绕住房、教育培训、医疗卫生、养老托育等重点民生领域，推动形成公开的消费者权益保护事项清单，完善纠纷协商处理办法。

六、推进市场监管公平统一

（十九）健全统一市场监管规则

加强市场监管行政立法工作，完善市场监管程序，加强市场监管标准化规范化建设，依法公开监管标准和规则，增强市场监管制度和政策的稳定性、可预期性。对食品药品安全等直接关系群众健康和生命安全的重点领域，落实最严谨标准、最严格监管、最严厉处罚、最严肃问责。对互联网医疗、线上教育培训、在线娱乐等新业态，推进线上线下一体化监管。加强对工程建设领域统一公正监管，依纪依法严厉查处违纪违法行为。强化重要工业产品风险监测和监督抽查，督促企业落实质量安全主体责任。充分发挥行业协会商会作用，建立有效的政企沟通机制，形成政府监管、平台自律、行业自治、社会监督的多元治理新模式。

（二十）强化统一市场监管执法

推进维护统一市场综合执法能力建设，加强知识产权保护、反垄断、反不正当竞争执法力量。强化部门联动，建立综合监管部门和行业监管部门联动的工作机制，统筹执法资源，减少执法层级，统一执法标准和程序，规范执法行为，减少自由裁量权，促进公平公正执法，提高综合执法效能，探索在有关行业领域依法建立授权委托监管执法方式。鼓励跨行政区域按规定联合发布统一监管政策法规及标准规范，积极开展联动执法，创新联合监管模式，加强调查取证和案件处置合作。

（二十一）全面提升市场监管能力

深化简政放权、放管结合、优化服务改革，完善"双随机、一公开"监管、信用监管、"互联网+监管"、跨部门协同监管等方式，加强各类监管的衔接配合。充分利用大数据等技术手段，加快推进智慧监管，提升市场监管政务服务、网络交易监管、消费者权益保护、重点产品追溯等方面跨省通办、共享协作的信息化水平。建立健全跨行政区域网络监管协作机制，鼓励行业协会商会、新闻媒体、消费者和公众共同开展监督评议。对新业态新模式坚持监管规范和促进发展并重，及时补齐法规和标准空缺。

七、进一步规范不当市场竞争和市场干预行为

（二十二）着力强化反垄断

完善垄断行为认定法律规则，健全经营者集中分类分级反垄断审查制度。破除平台企业数据垄断等问题，防止利用数据、算法、技术手段等方式排除、限制竞争。加强对金融、传媒、科技、民生等领域和涉及初创企业、新业态、劳动密集型行业的经营者集中审查，提高审查质量和效率，强化垄断风险识别、预警、防范。稳步推进自然垄断行业改革，加强对电网、油气管网等网络型自然垄断环节的监管。加强对创新型中小企业原始创新和知识产权的保护。

（二十三）依法查处不正当竞争行为

对市场主体、消费者反映强烈的重点行业和领域，加强全链条竞争监管执法，以公正监管保障公平竞争。加强对平台经济、共享经济等新业态领域不正当竞争行为的规制，整治网络黑灰产业链条，治理新型网络不正当竞争行为。健全跨部门跨行政区域的反不正当竞争执法信息共享、协作联动机制，提高执法的统一性、权威性、协调性。构建跨行政区域的反不正当竞争案件移送、执法协助、联合执法机制，

针对新型、疑难、典型案件畅通会商渠道、互通裁量标准。

（二十四）破除地方保护和区域壁垒

指导各地区综合比较优势、资源环境承载能力、产业基础、防灾避险能力等因素，找准自身功能定位，力戒贪大求洋、低层次重复建设和过度同质竞争，不搞"小而全"的自我小循环，更不能以"内循环"的名义搞地区封锁。建立涉企优惠政策目录清单并及时向社会公开，及时清理废除各地区含有地方保护、市场分割、指定交易等妨碍统一市场和公平竞争的政策，全面清理歧视外资企业和外地企业、实行地方保护的各类优惠政策，对新出台政策严格开展公平竞争审查。加强地区间产业转移项目协调合作，建立重大问题协调解决机制，推动产业合理布局、分工进一步优化。鼓励各地区持续优化营商环境，依法开展招商引资活动，防止招商引资恶性竞争行为，以优质的制度供给和制度创新吸引更多优质企业投资。

（二十五）清理废除妨碍依法平等准入和退出的规定和做法

除法律法规明确规定外，不得要求企业必须在某地登记注册，不得为企业跨区域经营或迁移设置障碍。不得设置不合理和歧视性的准入、退出条件以限制商品服务、要素资源自由流动。不得以备案、注册、年检、认定、认证、指定、要求设立分公司等形式设定或者变相设定准入障碍。不得在资质认定、业务许可等方面，对外地企业设定明显高于本地经营者的资质要求、技术要求、检验标准或评审标准。清理规范行政审批、许可、备案等政务服务事项的前置条件和审批标准，不得将政务服务事项转为中介服务事项，没有法律法规依据不得在政务服务前要求企业自行检测、检验、认证、鉴定、公证以及提供证明等，不得搞变相审批、有偿服务。未经公平竞争不得授予经营者特许经营权，不得限定经营、购买、使用特定经营者提供的商品和服务。

（二十六）持续清理招标采购领域违反统一市场建设的规定和做法

制定招标投标和政府采购制度规则要严格按照国家有关规定进行公平竞争审查、合法性审核。招标投标和政府采购中严禁违法限定或者指定特定的专利、商标、品牌、零部件、原产地、供应商，不得违法设定与招标采购项目具体特点和实际需要不相适应的资格、技术、商务条件等。不得违法限定投标人所在地、所有制形式、组织形式，或者设定其他不合理的条件以排斥、限制经营者参与投标采购活动。深入推进招标投标全流程电子化，加快完善电子招标投标制度规则、技术标准，推动优质评标专家等资源跨地区跨行业共享。

八、组织实施保障

（二十七）加强党的领导

各地区各部门要充分认识建设全国统一大市场对于构建新发展格局的重要意义，切实把思想和行动统一到党中央决策部署上来，做到全国一盘棋，统一大市场，畅通大循环，确保各项重点任务落到实处。

（二十八）完善激励约束机制

探索研究全国统一大市场建设标准指南，对积极推动落实全国统一大市场建设、取得突出成效的地区可按国家有关规定予以奖励。动态发布不当干预全国统一大市场建设问题清单，建立典型案例通报约谈和问题整改制度，着力解决妨碍全国统一大市场建设的不当市场干预和不当竞争行为问题。

（二十九）优先推进区域协作

结合区域重大战略、区域协调发展战略实施，鼓励京津冀、长三角、粤港澳大湾区以及成渝地区双城经济圈、长江中游城市群等区域，在维护全国统一大市场前提下，优先开展区域市场一体化建设工作，建立健全区域合作机制，积极总结并复制推广典型经验和做法。

（三十）形成工作合力

各地区各部门要根据职责分工，不折不扣落实本意见要求，对本地区本部门是否存在妨碍全国统一大市场建设的规定和实际情况开展自查清理。国家发展改革委、市场监管总局会同有关部门建立健全促进全国统一大市场建设的部门协调机制，加大统筹协调力度，强化跟踪评估，及时督促检查，推动各方抓好贯彻落实。加强宣传引导和舆论监督，为全国统一大市场建设营造良好社会氛围。重大事项及时向党中央、国务院请示报告。

商务部等八部门关于促进老字号
创新发展的意见

【发布单位】流通发展司

【发布文号】商流通发〔2022〕11号

【发文日期】2022年1月25日

各省、自治区、直辖市人民政府，新疆生产建设兵团：

老字号是指历史悠久，传承独特产品、技艺或服务、理念，取得社会广泛认同的品牌，具有鲜明的中华优秀传统文化特色和深厚的历史底蕴，具有广泛的群众基础和丰富的经济文化价值。近年来，我国老字号发展活力不断增强，品牌影响力持续提升，但仍然存在创新能力不够、发展水平不高等突出问题。为推动老字号创新发展，充分发挥老字号在建设自主品牌、全面促进消费、坚定文化自信方面的积极作用，更好满足人民美好生活需要，经国务院同意，现提出以下意见：

一、总体要求

（一）指导思想

以习近平新时代中国特色社会主义思想为指导，全面贯彻党的十九大和十九届二中、三中、四中、五中、六中全会精神，坚持稳中求进工作总基调，完整、准确、全面贯彻新发展理念，加快构建新发展格局，实施老字号保护发展五年行动，建立健全老字号保护传承和创新发展的长效机制，促进老字号持续健康高质量发展，将老字号所蕴含的中华优秀传统文化更多融入现代生产生活，更好满足国潮消费需求，促进中华优秀传统文化的创造性转化和创新性发展，满足人民日益增长的美好生活需要。

（二）基本原则

坚持政府引导和市场主导相结合。充分发挥市场在资源配置中的决定性作用，更好发挥政府作用，推动老字号企业以市场为导向提升品牌价值，激发高质量发展内生动力，全面提升老字号质量水平。

坚持文化价值和经济价值相结合。弘扬社会主义核心价值观，传承中华优秀传统文化精髓，传播老字号优秀商业理念，充分发挥老字号对弘扬优秀传统文化和建设中国自主品牌的积极作用，讲好中国故事。

坚持保护传承和创新发展相结合。准确把握老字号历史沿革和文化特色，着力完善品牌保护体系，打造文化传承载体，激发企业创新活力，推动新技术新业态新模式发展，多措并举、综合提升，实现老字号持续健康发展。

坚持分层推进和分类指导相结合。以中华老字号的传承发展为重点，兼顾地方老字号的挖掘提升，准确把握各类老字号所属行业特点、生存现状和发展阶段，结合实际、因企制宜，分业分类细化政策措施，提升老字号总体发展水平。

(三) 主要目标

到2025年，老字号保护传承和创新发展体系基本形成，老字号持续健康发展的政策环境更加完善，创新发展更具活力，产品服务更趋多元，传承载体更加丰富，文化特色更显浓郁，品牌信誉不断提升，市场竞争力明显增强，对传播中华优秀传统文化的承载能力持续提高，对推动经济高质量发展的作用更加明显，人民群众认同感和满意度显著提高。

二、加大老字号保护力度

（一）加强老字号保护法治建设

加强与相关法律法规衔接，研究完善老字号保护管理相关制度，推动建立老字号名录管理机制，加大老字号传承力度，规范相关市场主体行为，健全老字号保护促进体系。指导法律服务机构为老字号企业提供专业法律服务，支持老字号企业依法维护自身合法权益。

（二）保护老字号知识产权

建立健全老字号名录部门共享机制，依法加强对老字号企业名称和老字号注册商标的保护，严厉打击侵犯老字号商标权、名称权等侵权违法行为。支持老字号企业开展海外知识产权保护。引导社会机构搭建老字号知识产权纠纷互助平台，会同相关部门和有关企业打击侵犯老字号知识产权和制售假冒伪劣老字号产品的不法行为。

（三）保护老字号历史网点

将老字号网点建设纳入相关规划。将符合条件的老字号集中成片区域依法依规划定为历史文化街区，将符合条件的老字号原址原貌优先认定为文物、历史建筑并进行原址保护。在旧城改造中注重对老字号原址原貌的保护，涉及动迁的需征求业务主管部门意见。对确需动迁的，要尽可能安排原址复建或就近选址，并依法落实相关补偿。

（四）保护老字号文化遗产

支持符合条件的老字号传统技艺纳入国家传统工艺振兴目录和各级非物质文化遗产代表性项目名录，鼓励老字号企业申报非物质文化遗产生产性保护示范基地，支持老字号技艺传承人参加非物质文化遗产相关培训。依法加强对老字号重要史迹、实物的保护。

三、健全老字号传承体系

（一）传承老字号传统技艺

支持餐饮、食品和中医药老字号企业建设符合传统工艺要求的生产、加工、配送基地，加大用地保障。支持中医药老字号企业开办中医诊所，符合条件的按程序纳入医疗保障定点管理。支持老字号企业根据自身条件建设传统技艺展示馆和传承所，对具有独特历史意义的老字号濒危传统技艺项目实施抢救性记录和保护。

（二）活化老字号文化资源

加强老字号文化资源的挖掘整理，建设"老字号数字博物馆"，运用数字化技术保存展示老字号发展史料。鼓励有条件的老字号企业和社会组织建设体现行业特色、反映民俗文化、弘扬中华优秀传统文化的专题博物馆、展览馆，鼓励向公众免费开放。举办"老字号嘉年华"，聚焦中华民族传统节日，线上线下同步开展系列宣传推广和消费促进活动，支持各地结合地方特色民俗，开展形式多样的展览展销和文化体验活动。

（三）壮大老字号人才队伍

引导老字号企业与相关院校开展合作，鼓励老字号技艺传承人到院校兼职任教，支持有能力的院校在课程设置中加强相关内容。对符合条件的老字号企业吸纳院校毕业生就业、提供职业技能培训，按规定落实社会保险补贴、职业培训补贴、创业担保贷款及贴息等扶持政策。以适当方式宣传老字号企业家优秀事迹。

四、激发老字号创新活力

（一）推动老字号创新产品服务

支持举办老字号文化创意活动，深入挖掘老字号传统文化和独特技艺，创作富含时尚元素、符合国潮消费需求的作品，延伸老字号品牌价值。鼓励老字号企业联合有关机构开发文化创意产品，举办文化体验活动，提供定制化服务。引导老字号企业运用先进适用技术创新传统工艺，研发适应市场需求的产品和服务，提升质量水平。

（二）支持老字号跨界融合发展

引导老字号企业将传统经营方式与大数据、云计算等现代信息技术相结合，升级营销模式，发展新业态、新模式，营造消费新场景。推动电商平台设立老字号专区。鼓励有关旅游机构将符合条件的老字号企业纳入旅游路线进行重点推介。

（三）促进老字号集聚发展

将老字号集聚区建设纳入相关规划，鼓励有条件的城市打造老字号特色街区。鼓励特色商圈、旅游景区和各类客运枢纽引入老字号企业开设旗舰店、体验店。推动购物中心等大型商场设立老字号专区专柜，促进特色消费。放宽对临街老字号店铺装潢管理要求，允许老字号企业按照传统或原有风格对门店进行修缮，保留符合要求的传统牌匾。合理放宽老字号企业户外营销活动限制，支持老字号企业开展店内外传统技艺展示、体验和促销活动。

五、培育老字号发展动能

（一）引导老字号体制机制改革

推动国有老字号企业深化产权制度改革，建立现代企业组织形式和法人治理结构。引导社会化、专业化的第三方机构开展老字号商标价值评价，支持相关主体研究以商标作价入股等合适方式，妥善处置老字号企业商标所有权和使用权分离问题。支持经营业务相近或具有产业关联关系的老字号企业进行整合重组，打造老字号企业集团。

（二）优化老字号金融服务

支持金融机构开发适合老字号特点的金融产品，优化对老字号企业的金融服务。鼓励符合条件的社会资本设立老字号发展基金，引导创业投资、股权投资对品牌价值高、发展潜力大的老字号加大资金、管理和技术投入。支持符合条件的老字号在资本市场上市或在全国中小企业股份转让系统、区域性股权市场挂牌，利用多层次资本市场做大做强。

（三）推动老字号走出国门

充分利用服务贸易创新发展引导基金，按照市场化原则，引导符合条件的代表性领域老字号企业开展服务贸易，推动老字号优质服务走向国际市场。探索在"一带一路"沿线国家和地区举办展会，支持符合条件的老字号企业参加境外专业展会，积极宣传推广老字号品牌。

六、保障措施

（一）加强组织领导

切实把推动老字号保护传承和创新发展工作放在突出重要位置，建立由商务主管部门牵头，相关部门共同参与的工作机制，加强老字号工作的组织协调，统筹推进各项工作任务。

（二）健全名录体系

按照示范创建相关规定，统筹推进中华老字号和地方老字号认定，建立动态管理机制，定期调整、公布中华老字号和地方老字号名录。

（三）强化工作支撑

推动老字号协会建设，开展交流活动，加强行业自律。培育专注老字号研究的专家队伍，为推动老字号传承创新发展提供支持和保障。充分调动社会各方力量积极参与，共同做好老字号保护发展各项工作。

（四）持续宣传推广

鼓励各类媒体开设老字号宣传专题专栏，拍摄老字号纪录片、微电影，制作老字号丛书、画册，充分利用新媒体拓宽宣传渠道，扩大宣传范围，持续营造国内国际良好舆论环境。

商务部
中央宣传部
自然资源部
住房和城乡建设部
文化和旅游部
市场监管总局
文物局
知识产权局
2022 年 1 月 25 日